家庭是远航的归宿

胡元斌 / 编著

中国商业出版社

图书在版编目（CIP）数据

家庭是远航的归宿 / 胡元斌编著． -- 北京：中国商业出版社，2019.9
　　ISBN 978-7-5208-0861-3

Ⅰ．①家… Ⅱ．①胡… Ⅲ．①家庭教育－教育心理学 Ⅳ．①G780

中国版本图书馆CIP数据核字（2019）第175052号

责任编辑：常松

中国商业出版社出版发行
010-63180647　www.c-cbook.com
（100053　北京广安门内报国寺1号）
新华书店经销
山东汇文印务有限公司印刷
*
710毫米×1000毫米　16开　15印张　180千字
2020年1月第1版　2020年1月第1次印刷
定价：56.00元
* * * *
（如有印装质量问题可更换）

前言

　　家庭是社会的细胞，是由一定范围内的亲属所构成的社会基本组成单位，正是这一个个细胞组成了五彩缤纷的大千世界。家庭关系是社会的缩影，社会的变迁往往都会通过家庭状况反映出来。古今中外具有各种形态结构不同的家庭，其职能也不尽相同，但却都具有支持社会、影响社会形态的作用。

　　家庭是人们最重要、最基本、最核心的精神家园。一个充满温暖、和睦气氛的家庭会使每个家庭成员生活在一种精神快乐的状态之中。然而，在现实生活中，我们许多家庭并没有达到这样的理想目标。

　　我们时常会在一些家庭中看到夫妻反目、婆媳大战、儿女代沟以及其他一些动辄就发生争吵打骂的不堪行为。据调查，常见的家庭关系问题表现为：夫妻之间恩恩怨怨的情感纠葛，其中最主要表现为出轨和信任以及经济财产、离婚矛盾等；夫妻与父母间的关系，其中婆媳矛盾比较突出；夫妻与子女间的关系，如代沟、恋父情结、恋母情结等；夫妻与兄弟姐妹或其他亲人的关系障碍，等等。这诸多关系既维系着家庭的血脉传承，也造就了每个家庭的喜怒哀乐。

　　如今社会中的一部分人已经进入了小康，困扰家庭的不再是温饱问题，现在困扰家庭的主要是夫妻情感、儿女教育和老人赡养等。可以说，我们现代人的烦恼和痛苦大多是来自于家庭。

　　如果大家都本着理解的角度，生活就不会起波澜，如果矛盾双方有一方宽容大度一些,就不会有纷争。须知,家是每一个家庭成员共同的家,它需要全体成员怀着积极而健康的心态来认真对待。

当然,家庭也离不开柴米油盐和一些芝麻大的小事情,这些小事情是现实又琐碎的生活细节。它是我们每天必须面对的内容,有的人感觉乏味,有的人则感到其乐融融。其实,鉴于家庭成员性格各异,趣味不同,所以出现一些陈芝麻烂谷子的矛盾现象,也并不是什么大不了的事情,关键是我们用什么样的心态来对待这些问题。

随着社会节奏的加快,人们之间的压力不断增大,不只在家庭中出现这样或那样的问题,如经济问题、态度问题等,工作中出现的矛盾甚至会更多。因此,被压力和浮躁充斥的我们应该理智地处事,不要为对方的一言一行斤斤计较,要尽量化干戈为玉帛。

家庭是温暖的港湾,是我们人生与事业远航的归宿,我们的人生无论成功与失败,最终都要从家庭寻找希望与寄托。可以说,有了家庭的和睦美满,我们与家人才能幸福与快乐,我们的事业才能兴旺发达,我们的社会才能和谐文明。俗话说:众人一心,其利断金。同样,对于一个家庭来说也是这样。因此,家庭需要每一个成员的努力奉献和经营。

为了把我们的家庭建成一个温馨的乐园,我们特地编著了本书。主要围绕家庭关系、亲子关系以及配偶关系等家庭枢纽,从心理学角度阐述了爱情、婚姻以及培养教育子女、孝敬赡养老人等一系列家庭问题,并以浅显易懂的心理学理论分析了家庭角色的微妙关系,切实地提出了许多行之有效的自我调适方法。因此,本书可以帮助你了解自己及家人,钟爱自己及家人,是指导你解决家庭各种矛盾的良师益友。

目录

第一章 家庭关系的心理认同

家庭和睦是亲情的根本 …………………………… 002

家庭责任体现人的内心世界 ……………………… 007

家庭关系的核心基础是平等 ……………………… 012

善于把冷漠变成关爱 ……………………………… 020

不要让唠叨成为习惯 ……………………………… 026

认识大男子主义 …………………………………… 031

宅男具有许多独有的特征 ………………………… 034

让宅女融入人群之中 ……………………………… 038

"421"家庭的幸福艺术 …………………………… 044

认识丁克一族产生的根源 ………………………… 048

闪婚是一种情感快餐 ……………………………… 053

化解老年再婚的阻力 ……………………………… 056

消除再婚的心理障碍 ……………………………… 062

不做抱怨的女人 …………………………………… 067

以科学的理念指导生活 …………………………… 070

生活的本质就是"过日子" ……………………… 074

善于消除病态的洁癖问题 ……………………………… 078

要有正确的家庭消费观 …………………………………… 082

远离疯狂购物的心理误区 ………………………………… 086

第二章 亲子关系的心理直通

母爱是世间最伟大的力量 ………………………………… 090

让博大的父爱温暖孩子 …………………………………… 094

正确地对待独生子女的教育 ……………………………… 098

善于教育与引导孩子成长 ………………………………… 103

调皮是孩子的一种天性 …………………………………… 106

改掉孩子贪玩的毛病 ……………………………………… 110

培养孩子良好的学习习惯 ………………………………… 113

溺爱孩子不是真正的爱 …………………………………… 117

善于将包办变为鼓励 ……………………………………… 123

正确看待并消除代沟 ……………………………………… 130

隔代教育是一个重要的话题 ……………………………… 134

第三章 配偶关系的心理融洽

正确的婚姻观是幸福的根基 ……………………………… 140

夫妻默契是和谐的润滑剂 ………………………………… 145

良好的沟通是增进关系的前提 …………………………… 148

不要让夫妻间的吸引力减退 ……………………………… 153

培养共同爱好有利于保鲜爱情 …………………………… 157

正确看待夫妻的事业追求 ………………………………… 161

学会与事业型的丈夫共处 ………………………………… 164

正确地看待女强人妻子 ………………………… 168
学会做一个温柔的妻子 ………………………… 173
善于化解夫妻间的冲突 ………………………… 178
以理智克服两地分居问题 ……………………… 184
认识"妻管严"的心理实质 …………………… 188
克服随意吃醋的心理 …………………………… 191
婚外情是生活的定时炸弹 ……………………… 194
将花心转变为专情 ……………………………… 199
七年之痒是一种心理问题 ……………………… 203
摆脱中年婚姻危机的困惑 ……………………… 209
找回失落的爱情 ………………………………… 214
离婚是一种失败的婚姻现象 …………………… 219
掌握老年夫妻和睦相处之道 …………………… 224
正确地对待代际婚姻 …………………………… 229

第一章　家庭关系的心理认同

家庭是在婚姻、血缘或收养基础上产生的，由亲属之间所构成的社会生活单位，是影响一个人成长的重要的环境。家庭关系一般可以分为夫妻关系、亲子关系和其他家庭成员之间的关系。

家庭是一个人人生观、价值观、幸福观，以及品德修养、行为习惯形成的最重要的环境之一，家庭关系的好坏既能反映出一个人道德修养的高低，也关系到我们的人生幸福。

德国诗人歌德说："无论是国王还是农夫，家庭和睦是最幸福的。"只有家庭和睦，我们的家人才能快乐健康，我们的事业才能兴旺发达，我们的社会才能和谐文明。

家庭和睦是亲情的根本

家庭是社会的细胞,是由一定范围内的亲属所构成的社会基本单位。家庭也是我们人类接触的第一个团体,是温馨的港湾和爱的寄泊地,同时还是我们人生第一课堂,父母就是第一任老师。在温馨和睦的家庭里,我们可以过着无忧无虑的生活。相反,家庭气氛不好,我们的生活也必然会受到不良影响。

1. 认识家庭和睦的重要性

家庭具有特殊的意义,是人类社会最主要的组成部分,也是对人类社会产生重要影响的个体单位。家庭是应人的需求而出现的。人根据其本能的特征,需要同类的关怀和爱护,而家庭就是为满足人的这一天性需求而建立的一个集体。

作为对社会最有影响的单位,家庭在解决困惑人类社会的一些问题中起着举足轻重的作用。家庭在建立精神安宁、巩固文化和社会关系,以及对后代的成长中产生着重要作用。

此外,家庭作为社会的主要成员,良好的家庭关系和家庭教育可以保护青年免遭社会不良现象的腐蚀。

中国人有热爱家庭的传统。随着现代社会的发展，家庭危机随之出现，一些宁静的港湾成为一触即发的火药库，缺少爱、不会爱、亲情的冷漠正在侵蚀一些家庭。

当然，完全没有分歧的家庭是不存在的。如果一个家庭总的来说是幸福的和令人满意的话，那么这也是以某个模式为基础而言的。

心理学家普遍认为，乐观的夫妻是最成功的夫妻。即使有时出现困难，他们也会有良好的心态，并始终坚信："我们会好起来的。"

好家庭的另外一个标准是：在和睦的家庭里，夫妻都致力于对对方的观点表示理解。每个人都应该对分歧进行思考，然后对问题加以讨论。

任何一个人都不可能单独解决所有问题。家庭成员之间互相交流看法是建立美满家庭的基础。做子女的应该尊重父母，多关心父母，多抽一些时间陪伴父母。百善孝为先，为人子者，就应该多尽一分孝心。

父母应该意识到自己的榜样作用。孩子3/4的举止受母亲和父亲的影响，例如孩子走路、吃饭、说话的方式。孩子好的或不良的习惯主要是从父母那里学来的。

因此，一个在家庭里受到爱抚的孩子长大后也懂得爱别人。总之，家庭成员间要互敬、互爱、互尊、互信、互勉、互励、互迁、互谅、宽容大度。

人们已经意识到现代家庭问题的重要，人们在思考、在行动、在呼吁，经过这些年的努力，在学习有关爱家庭的理念、解决家庭问题经验、志愿者精神、建造家庭、关爱家庭等方面已经结出硕果，有众多的家庭受益匪浅。我们发现，现代社会家庭站在一个重要的时空交叉点上，家庭需要学习爱、实践爱，学会爱的智慧，守护你我的家，这是我们的使命。

爱需要日日浇灌，不断生长。爱的智慧需要不断学习，终生学习。用充满智慧的爱装备家，使家成为爱的有机体，这就是我们的目标。让我们现在就行动起来!

2. 构建和睦家庭的方法

我们的传统文化非常重视和,俗话说"家和万事兴"。然而求得家庭的祥和并不是一件易事,我们该如何才能构建一个和睦的家庭?

(1)自我克制

任何家庭和睦的最关键因素与其说是时间、精力和感情的投入,不如说是一种自我克制精神。每个家庭成员都要努力使自己的家庭富裕和幸福,并且悉心将家庭维持下去。为了保持家庭的和睦,自我克制和对配偶忠诚是紧密相关的。

(2)共度时光

当1500名儿童被问及"你们认为怎样创造一个幸福的家庭"时,他们没有列举金钱、汽车或好房子,他们的回答是:"在一起做些事。"和睦家庭的成员都同意这个观点,喜欢花很多时间在一起工作和娱乐。"你做什么并不重要,"他们认为,"关键是要在一起共度美好的时光。"

(3)互相欣赏

渴望被人欣赏是人类最基本的心理需求之一,有一对夫妇正是通过互相欣赏改变了他们的生活。"我们在婚姻上过早地陷入了一种困境。"这位妻子认为,部分的原因是由于目睹了不少夫妇常互相刻薄地挖苦对方,特别是还当着别人的面。我们也不知不觉地染上了这种恶习,不知不觉地伤害了夫妻感情。现在我们要多看自己拥有的东西,而少看我们缺少的东西。

(4)相互沟通

相互沟通是维系家庭幸福的一个关键要素。有什么话不要憋在肚子里,多同家人交流,也让家里人多了解自己,这样可以避免许多无谓的误会和矛盾。

（5）注重修养

注重自身的修养也是维持家庭和睦的重要因素。它能使我们得到别人的爱和同情心。和睦家庭的重点是在日常生活中注意丰富自己的精神世界。

（6）战胜危机

和睦的家庭并非没有遇到难题，但只要我们有能力去迎接生活中的挑战，就能实现和睦家庭的梦想。

（7）心胸开阔

俗话说："退一步海阔天空。"道理我们都懂，但是真正摊上事儿了，每个人都想发泄自己的不满。但是我们在话脱口而出的那一刹那，刹刹车，站在对方的立场上好好考虑一下，相信矛盾会逐渐化解。

（8）相互信任

家庭成员之间要相互信任，很多幸福的家庭就毁于怀疑和猜忌。所以，对家人要保持信任，不要让猜疑毁了家庭的幸福。

（9）遇事慎重

在家里，遇到事情要冷静对待，尤其是遇到问题和矛盾时，要保持理智，不可冲动，冲动不仅不能解决问题，反而会使问题变得更糟，最后受损失的还是整个家庭。

（10）换位思考

己之所欲，也勿施于人。凡事不要把自己的想法强加给家人，遇到问题的时候多进行一下换位思考，站在对方的角度上想想，这样，你会更好地理解家人。

（11）追求快乐

只有用快乐的心情才能构建起幸福的家庭，进家门之前，请把在外面的烦恼通通抛掉，只带一张笑脸回家。如果所有的家庭成员都能这样做，那么这个家一定会成为一个幸福的家庭。

当然，一个家庭中总是有许许多多的小矛盾，当矛盾出现的时候，多从和解的角度想问题，从和睦的指导思想入手，从和平的方式出发，向和乐的目的进军，相信没有解不开的疙瘩。

温馨小提示

在家庭生活中，矛盾的产生总是不可避免，你是不是很为这些小矛盾造成的不快而窝火。现在教你一些处理技巧吧！

1. 不迁就

有些家庭一出现矛盾以后，一方一味地忍让、迁就，以期得到问题的化解。表面上看，不吵不闹似乎万事大吉了，其实，谁的心里都别别扭扭的。时间久了，问题积多了，必然爆发"战争"，或是出现无法收拾的局面。

2. 会交流

家庭成员之间的矛盾一般都不是什么原则问题，往往都是些鸡毛蒜皮的小事，真正在家庭中的大是大非问题上不一定会有什么矛盾。像这样的小事至于闹得脸红脖子粗吗？为什么不能心平气和地坐下来交流一下呢？

当然交流也要讲究方式方法，首先需要双方都冷静下来以后谈才能达到预期目的。还可以采取一些迂回的办法，比方找些能说服和教育对方认识其错误的相关资料给对方看，也可以达到同样的效果。尤其是晚辈和长辈意见不一致的时候，而且明显是长辈的不对，但作为晚辈又不好直说，采取迂回的办法更容易让对方接受。

3. 要宽容

"人非圣贤，孰能无过？"家庭是一个群体，这个群体中每个人有每个人的长处，你在这方面能力强，他可能在另一方面比你强。千万不要以己之长比他人之短，对他人横挑鼻子竖挑眼。以一个宽容的心态对待家里的人，对待家里的事，就容易看开，矛盾也就相对少得多。

家庭责任体现人的内心世界

一个人，在你选择了成家的同时也就意味着要承担家庭责任，不管你愿意不愿意。责任是不可选择的，不承担就是逃避。家庭成员之间是平等互爱的关系。谁没有自己的理想，谁不懂得幸福之甜蜜。家庭不同于社会、不同于单位之处就在于家庭中充满着自觉的爱，而这爱来源于每个家庭成员心灵深处的无私奉献，这奉献又源于对家庭的责任感。

家庭责任体现了人的一种社会必然性，对于任何人来说家庭责任都是不可推卸的。认清自己的责任，自觉履行社会责任和家庭责任，对构建文明与和谐以及享受幸福有着重要的实际意义。

1. 认识家庭责任与社会责任

家庭责任是指个人要通过自己辛勤地劳动，对家庭成员的生存和繁衍提供必要的物质条件，要及时进行情感交流，努力保证家庭成员在物质上和精神上能平安、健康、愉快地生活或成长。

社会责任则是指个人努力优质高效地劳动，尽可能多地创造出超过个人消耗的财富，满足群体或社会和谐发展的需要；无论处在何种角色，其言其行不仅不能损害群体或社会利益，而且还要维护社会利益和推动社会的发展。从社会这个角度来看，人的社会责任分为强制性的和非强制性的两类。

强制性的社会责任是由法律、法令、规章制度，包括契约确定下来的责任。具体说就是法律上所讲的民事责任。对法律的尊重和对契约的尊重是现代社会存在的根基。树立对法律乃至每一份契约尤其是小的契约负责精神，是法治的出发点。个人必须自觉地承担这类社会责任，如履行合同契约，依法从事工、商、服务行业的经营、依法纳税等民事义务；依法遵守社会治安秩序，自觉遵守社区或单位的规章制度。否则，就会受到惩处。

非强制性的社会责任纯粹靠人的自觉，如努力学习，积极劳动，创造尽可能多的物质财富或精神财富；爱护社会公共设施，遵守社会公共秩序；努力保护环境，自觉维护生态平衡；秉公办事；见义勇为；救死扶伤等。

家庭责任和社会责任是每个人责任的两个方面，从根本上说不是对立的，但就某些特定的情况来说，难免会出现"忠孝难能两全"的情况。但无论何时何地一个人也不能以家庭责任排斥社会责任。不管哪种社会，法律和所提倡的道德，其目的都在于提醒每个人的社会责任和家庭责任。

21世纪，我们建设和谐社会的今天，要求每一个公民担负起自己的家庭责任与社会责任。"自觉履行社会责任、家庭责任"的提法，易影响人的内心世界。

人的行为是受内心世界支配的。古今中外的历史表明，能影响人内心精神世界的观点、学说长盛不衰。儒家学说为什么会延续2000多年？《论语》中记载，孔子的学生问他：父母死了，子女要致哀三年，时间是不是太长了？孔子的回答既不是说这是制度的规定，必须服从，也不是说这是神的意志，你必须做；而是说：你小的时候，父母抚养你、照顾你不少于三年吧；父母死了，你就不表示三年的哀悼吗？孔子没有把哀悼三年的必要性、合理性归结为外在的社会、宗教、政治等因素，而归结为人的内心心理，归结到子女对父母自觉的爱。也就是把外在的制度归结为心理的自觉需要。

孔子学说的魅力就是来源于此。任何社会学观点，单纯强调自我或单纯强调社会都是片面的。而"加强责任感""履行家庭责任和社会责任"的提法，是在社会与自我结合的基础上强调自我，强调人的自主意识。既强调了个人，又没有忽视社会。所以，易影响一个人的内心世界，易于培养个人内心的集体主义思想。

2．培养家庭责任感的方法

男人是家庭生活中的重要支柱，有女人的家庭才是完美的幸福家庭。然而，幸福的家庭并没有一个统一的标准，它只是一种物质上有基本的保证，精神上有舒适快乐的感觉。家中有了男人女人，并不等于就有了家庭幸福，所以，一个家庭的幸福，在很大程度上要靠精心营造。要营造幸福家庭，使得自己对于家庭富有责任感，其责任就在于用心做好每件事。

（1）要有眼光

"眼光决定眼界，眼界决定境界。"人只有站得高才能看得远，看得远才有高境界，才能将家务事想好。在营造幸福家庭时，要面对现实，结合自己家庭的真实现状，去勾画设计和睦家庭的蓝图。正确的选择是，应抛弃私心杂念，尽快适应新的生活环境，把心中的目标定位在为家庭创造更大效益和和睦的事情上，承担起传承和弘扬家庭的好家风的责任。这是一个有责任心的人所要树立和践行的最基本的家庭观。

（2）要有思路

"思路决定出路"，有了好的思路，家庭责任就尽到了一半。聪明的人，总是善于与家庭成员沟通交流，把自己的思路始终围绕在家庭具体的现实和需求，并能够对家庭眼前和长远的事情统筹兼顾地切实思考。不但要思考家庭生活中的一日三餐，而且要考虑子女的抚养、上学、就业、成家和双方父母的生活安排，还要考虑购房添物等事情。家庭需要的，就是女人所要思考的。而人的思考往往是比较直观或超前的，这就必须要努力克服不正常的攀比心态和浮躁的虚荣心，把自己的思路建立在家庭真实的经济条件和社会客观条件允许的基础之上，就能够做出正确的思考和决策。

（3）要有力度

凡通过家庭成员协商之后定了的事就要坚决认真去做，而且要做好。做好家务事，就要舍得下功夫付出，无私奉献。对自己力所能及的事，要主动承担；对自己还不会做的事，要积极学着做；对做起来有一定困难的事，要有信心和毅力去做；遇到挫折，不动摇、不气馁、不埋怨，要有"不到长城非好汉"的精神。一旦有了正确的方向和合适的力度，和谐幸福的家庭才有希望，因为，坚持就是胜利。

（4）要讲艺术

做一件事情，用心才能成事。在家中处事时，细心加艺术，就一定获得成功。比如在家庭经济的管理中，要做到公开透明，家庭的经济账目要做到心知肚明，各种开支要坚持节约的原则，精打细算，勤俭持家；作为妻子要尊重和维护老公的面子，不当众数落对方的不是，有话回家再交换意见。其实，尊重和维护对方的面子，也就是尊重和维护自己的面子。

要艺术地营造一个比较宽松的家庭生活环境，千万不要把争吵当作家常便饭。作为家庭成员来讲，吵架是耍赖和无能的表现，要知道，动不动就吵架的人缺乏修养。总之，要有过日子的打算，在生活中勤劳温柔，用艺术的视觉和行为，信任、尊重、理解和宽容每一个家庭成员，就能够营造出一个和谐温馨的幸福家庭，也使自己富有家庭责任感。

诚然，在营造幸福家庭的时候责任感是非常重要的，但没有家庭成员的全力理解支持和真诚付出是难以实现的。因为，再能干的人的力量总是有限的。

温馨小提示

责任心，是一个人能够立足于社会，获得事业成功与家庭幸福至关重要的人格品质。那么，作为爸爸妈妈应该怎样培养孩子的家庭责任感呢？

1. 有意识地交给孩子一些任务，锻炼孩子独立做事的能力。随着孩子年龄的增长，爸爸妈妈要逐步教导孩子自己的事情自己做。做之前提出要求，鼓励孩子认真完成。如果孩子遇到困难，家长可在语言上给予指导，但是一定不要包办代替，让孩子有机会把事情独立做完。

2. 鼓励孩子做事情要有始有终。孩子好奇心强，什么都想去摸摸、去试试，但是随意性很强，做事总是虎头蛇尾或有头无尾。所以交给孩子做的事情，哪怕是很小的事情，爸爸妈妈也要检查、督促，对结果做出评价，以便培养孩子持之以恒、认真负责的好习惯。

3. 可适当地让孩子了解一些父母的忧虑和难处，提出一些问题，引导孩子独立思考和选择，大胆发表自己的见解。让孩子感受到家庭的美满幸福，要靠全家人的共同参与，进而增强孩子对家庭的责任心。

4. 鼓励孩子勇敢地承担责任。例如，孩子跟着爸爸妈妈到朋友家做客，不小心损坏了物品。这时应该让孩子知道，是由于自己的过错才造成了这种后果，应当给予赔偿。之后一定要带孩子一起买东西去朋友家道歉。

家庭关系的核心基础是平等

家庭关系是指基于婚姻、血缘或法律拟制而形成的一定范围的亲属之间的权利和义务关系。家庭关系依据主体为标准可以分为夫妻关系、亲子关系和其他家庭成员之间的关系。

家庭关系的好坏，是衡量家庭关系是否健康的重要标尺。可以说，家庭幸福的最重要特征是家庭和睦，而和睦的家庭关系必须建立在平等这一核心基础之上。

所以就家庭关系而言，在我们的心中，必须渗透人人平等和相互尊重的现代理念。

1. 认识家庭关系平等的表现

任何社会都是由人与人组合而形成。人人又是自始至终生活在婚姻家庭当中，千万个婚姻家庭即构成整个社会。因此，家庭扮演着十分重要的角色，家庭不但是生活单位而且还是生产单位。

性别平等，也称男女平等。是指把两性看作平等的人来对待，给以同等的尊重，不能有任何基于性别的歧视和偏见。两性应享有同等的权利，包括平等地参与社会生活、教育、参政、就业，也要平等地享有家庭地位。性别平等应是一种有差别的平等，在给予同等权利和机会的条件下，尊重个人选择；在承认和容忍某些客观差异的基础上，争取有区别对待的平等。

（1）婚姻关系权利义务平等

根据我国《婚姻法》的规定，男女有同等的缔结婚姻和请求离婚的权利，结婚后，男女任何一方都可成为对方的家庭成员；对债务的清偿和离婚时经济上的财产权利，男女也是同等的。

（2）家庭关系地位平等

夫妻关系平等，包括人身权利的平等和财产关系的平等。在人身权利方面，各自有独立的姓名权，人身自由权；参加社会生产和社会活动的自由权；夫妻双方抚养和教育子女的权利义务平等；计划生育的义务平等。在财产权利方面：对夫妻的财产有平等的所有权；平等的住房权；平等的扶养权；平等的继承权。

（3）父母子女关系平等

父母抚养教育子女的权利义务平等；接受子女赡养扶助的权利平等；子女接受抚养教育的权利平等；子女有继承父母遗产的权利，父母也都有权继承子女的遗产，他们继承权是平等的。

（4）家庭成员关系平等

如祖父母、孙子女、外祖父母、外孙子女等。在这些不同性别的家庭成员之间，具有权利的平等关系。

实现平等，迫切需要认清不平等的现状；迫切需要唤醒自我的主体意识，全面提高自身素质；迫切需要从每一个家庭做起，那么，平等的目标终将会成为现实，我们的社会也将因此变得更加文明、进步与和谐。

2. 建立家庭平等关系的方法

每个家庭的个人定位，真正的理念就是明白自己的本分、完善本分和发挥本分。人人都有难言之苦,家家都有难念的经,那么,我们如何来正确看待家庭关系的平等呢?

(1) 老人怎样做

老人要温和无火气,不唠叨,不随便说家人长短。老人要知足常乐,在家颐养天年。要向孙辈宣扬父母和祖先的功德,教育他们懂得知恩、感恩、报恩,听父母的话。

老人不要管闲事,不要过多牵挂子孙,"儿孙自有儿孙福"。家庭条件不够好的不能责怪子女,更不能怨媳妇,相反要赞扬他们,鼓励他们。子女的事不要过多干涉,让他们自己做主,不要摆老资格。

(2) 父母如何做

有了小孩后,就成了父母。人到中年上有父母,下有子女,故上要尊老,下要爱幼,即上孝下慈。用知恩心去完善一切,让家庭上下和睦。

父母要做尊老敬老的榜样给子女看,用感恩父母先辈的恩德来启蒙后代。

父母是孩子的第一任老师,家庭是孩子的第一所学校。所以为人父母要承担一个家的两个方面:生活和道德。未生孩子之前,应明白父母怎么做。要做出方案,自己定位好,以道德为重。要学会正确的胎教和童年教育方法。小孩是否健康与母亲关系很大,有无智慧与父亲关系很大,是否具备道德就看父母是否经常以快乐的爱心去做事做人。

子女不听话,不孝顺,首先要问自己是否也不孝顺老人,是否有做得不对的地方。不要怨恨子女,更不能打骂子女,因为子女的成败也与父母本身心性德行有关;其次要考虑到自己教育的方法是否有不当之处。作为父母,不要只认为孩子是自己的。孩子虽是自己生的,但也是社会的。小孩教不好,小则影响自己的家庭,大则影响社会。所以要把孩子教好。

（3）夫妻如何做

夫妻结合是为了生活上相互照顾，互相关心，不能说是谁专门为谁而结合。爱的原则应该是无私奉献，爱的本源是互相尊重，在尊重的基础上，不麻烦对方，能原谅对方，相互成全，相互理解。男女平等是指权利上平等，享受上平等。

要做到家庭的和谐，家庭成员之间应做到尊严和地位的平等，既不是男尊女卑，也不是女尊男卑，其核心是实现两性的共同发展，它直接关系到家庭和谐，进而促进社会的和谐。

家庭关系的平等是家庭发展的基础，父母和孩子要建立平等和谐的关系，只有在尊重和信任的基础上，家庭教育才能顺利地进行和完成。父母与孩子的亲密沟通，实际上是父母与孩子心灵的碰撞。

一是蹲下来与孩子沟通。父母蹲下来，同孩子脸对脸、目光对视着谈话，体现了父母对孩子的尊重，体现了成人对孩子的事情认真又亲切的态度。同时，父母应轻声细语地耐心说服教育孩子，而不是居高临下地大声呵斥。

这样能促使孩子意识到自己同成年人是平等的，是受到尊重的人，有利于从小培养孩子的自尊、自信与合作精神，也能帮助孩子认真对待自己的问题或缺点；同时为孩子创造了乐于接受教育的良好心境，而不是使孩子听而不闻或产生逆反心理。

二是学会倾听孩子的心声。倾听是沟通的前提，学会倾听，是沟通的第一步。只有倾听孩子的心里话，知道孩子想什么、关注什么和需要什么，才能有针对性地给予孩子关心和帮助，也会使以后的沟通变得更加容易。

当孩子要与父母沟通时，父母不妨先坐好，停下手上的工作，安静地看着孩子,不要打断他的话,全神贯注地倾听,不左顾右盼。这等于告诉孩子:我们对你是重视的,我们在认真地听,在注意你所说的一切。

三是用爱温暖孩子的心灵。爱是阳光,能唤醒沉睡的种子;爱是雨露,能滋润干涸的心田。一位教育学家曾经说过:"教育没有爱,就像池塘没有水。没有水,就不能称为池塘,没有爱则不能称为教育。"

四是孩子的事情要跟孩子协商。父母若想让孩子听话,使用暴力或者命令的方式,都不会收到好的效果。只有蹲下来,与孩子商量,听取孩子的意见与看法,才能取得孩子的认可,孩子对父母要求的事情才能够愉快地完成。

3. 懂得呵护三代同堂的关系

所谓三代同堂,简单地说就是三代人共同生活在一个屋檐下。随着人们物质文化生活和个性修养的提高,大多数三代同堂的家庭都相处得和和美美,其乐融融。

但是,也有一部分三代同堂的家庭却并不幸福,虽然爷爷奶奶在家又是带孩子,又是做家务,可一家人的生活就是不和谐。这是什么原因呢?有的年轻人总结了一下,他们与老人之所以会闹矛盾,主要有三个方面的原因:一是生活方式;二是子女教育;三是花钱方式。他们也曾经试着改变老人的想法,但是由于老人根深蒂固的思想观念,很难起到作用,年轻人也试图想改变自己的想法,但通过努力又认为这是很难办到的事情。

4. 三代同堂各关系的处理

三代同堂是不同时代、不同年龄的人生活在同一空间,这种上有老下有小的家庭各种关系如何相处确实是一个问题,在一些三代同堂的家庭,人们常常会看到如下一些现象:

年轻人不习惯早睡觉,在他们刚要开始自己的"夜生活"的时候,老年人却已经上床睡觉,与此相反,早晨天刚放亮,喜欢早起的老年人就起床出门遛弯了,而半夜才睡的儿子儿媳这时还高卧酣眠。

学校放学后,小孙子要到各种学习班去上课,爷爷奶奶不解:在学校上了一天课了,放学还不让孩子玩一会儿?儿子儿媳回答:你们知道什么呀,现在大家都在学,咱们家孩子不学就会输在起跑线上。

好好的洗衣机说卖就卖了,回头花大钱又买回一个新的,还说什么这是最新型的,洗衣机就是洗衣机,啥型的洗衣机还不都是洗衣服?

有了点积蓄不老老实实地存银行,非得拿出来炒股票、买基金,那种大起大落的东西哪如存在银行里保险?

公公婆婆与儿媳、岳父岳母与女婿之间对某些事情存在不同看法,这绝不是简单的代沟问题,这里面有许多微妙的关系,只有双方都做出努力才能把关系处理得融洽。

其实,大家共同生活在同一屋檐下,本来就是一家人,只要遇事时多替对方想一想,就没有过不去的坎儿。

俗话说"事怕颠倒理怕翻",当年轻人与长辈就某一问题产生分歧时,年轻人首先要有良好的态度,即便长辈的看法需要推敲也应该讲究方式方法,应该肯定长辈的出发点是好的,他们也是为了整个家庭好。

而老年人不应该墨守成规,现在是信息社会,各方面的知识更新得非常快,年轻人有年轻人的想法,他们的一些做法有他们的道理,所以自己不了解的事情不应该武断下结论。

另外,对老年人来说,多学习不但可以保持头脑清醒,延年益寿,还可以使自己的家庭关系变得更为和谐,因为不断充实自己才能跟上时代的步伐,应该说,这也是与时俱进的一种表现。

5. 三代同堂不同心态的改变

三代同堂，一家人和谐相处非常重要，它不仅关系到家庭整体的生活质量，更是关系到几代人的身心健康，为此，家庭的每一个成员都必须互相包容、互相体谅，努力营造一种其乐融融的欢乐气氛。

（1）认知的改变

良好的婆媳关系需要婆婆、媳妇、儿子三方的努力。以岳母女婿关系为参照，岳母女婿关系的品质普遍好于婆媳关系的关键在于，岳母把女婿当作自己的儿子看，至少是半个儿子。女儿嫁出去较少有失去女儿的失落感，反而有多了个儿子的亲密感和幸福感。这点是和婆婆的心态的区分。妻子对老公爱得越深就越能接受婆婆，如果还未能接受婆婆，至少表明你对老公的爱还不够深。

（2）婆婆的心态

把媳妇当作自己的女儿看，不要有人家的姑娘的分别心，以对待自己的儿女的心态和她相处，一切问题都会迎刃而解。

（3）媳妇的心态

把婆婆视作自己的母亲那样照顾，尽可能体谅老人的性格或其他不足。同时，当和婆婆有矛盾时，千万别犯和婆婆争老公的低级错误。

无论老公多么爱你，你也无法替代她的母亲。而且你只可以成为他的太太，不可以成为他的母亲，如果那样，你们的婚姻将很危险。

（4）儿子的心态

儿子是斡旋婆媳关系的"外交官"。有许多婆媳关系是"笨儿子"造成的。如果说，婆媳关系有着天然的敏感因素，那么儿子在其中扮演的角色及发挥协调、咨询的功能就越发显得珍贵。

（5）不记隔夜仇

一旦婆媳有了摩擦，立即处理，直接沟通，以真实的感受为出发点，建立有效的冲突处理的机制是关键。有些婆媳关系开始尚好，后来产生摩擦隐藏于心，形成婆媳之间的"冷战"，对家庭关系的伤害是巨大的。

总而言之，婆媳关系并非洪水猛兽，只是一种两代人的亲情关系，完全可以凭借人为的努力改善之。无论发生了什么，都没有对错，也不要追究对与错，一切不和谐的因素都是人的心理起的作用，也都可以靠智慧来化解。为了幸福美满的家，让我们都学习成为有智慧的婆婆、妻子和老公吧！

温馨小提示

在三代同堂的家庭，如果你是儿子，那么，在搞好家庭关系这个问题上，你的作用绝对胜过每一个人。会办事的儿子具体应掌握以下原则：

一是不做恶言传话筒。只传好听的话，如果没有就自编一些。

二是小心矛盾苗头。当发现家里婆媳间有矛盾苗头时，要想办法化解矛盾。

三是说话长个心眼。不在老妈或老婆面前表扬对方，这样会让彼此吃醋，对于小毛病倒可以说说，但不能说致命的大缺点；一定要说面前的女人的好，不批评另一个女人的差。

四是经常回家探望。有空打个电话，或发个短信表示你对两个女人的关心，同时也附上一句，是代另一个女人问这个女人的好。

五是不要错过特别的日子。例如生日、节日、纪念日等，一定要送点小礼物，或当面祝贺。

总之，你在对待自己的这两个亲人方面只要处理好了这些日常小事，就会受益匪浅，整个家庭也会幸福美满。

善于把冷漠变成关爱

冷漠与关爱是两种不同的心理。就家庭来说，冷漠犹如寒冷的冰山，能冻结我们心中所有的情感。而关爱则是燃亮家庭关系的明亮之灯，也是维系我们家庭正常运作的基本纽带。

客观地讲，随着现代社会变化，家庭成员之间的关系，也不可避免地出现了新变化。在我们周围的一些家庭中，时常有一些亲情冷漠、礼仪缺失、代沟加深等不和谐现象出现，这很值得我们深思。

1. 认识冷漠与关爱

冷漠是指我们对他人冷淡漠然的消极心态。冷漠主要表现为我们对人怀有戒心甚至敌对情绪，既不与他人交流思想感情，又对他人的不幸冷眼旁观，无动于衷，毫无同情心。

得情感冷漠症的患者通常有两种病态反应，一种是生理性的，表现为对情感欠缺反应、迟钝、对人或事无兴趣、无责任感，不会关心人，不喜欢与人打交道，即使与自己最亲近的家人，也无法与之建立真实的、更深刻的情感依赖。这种生理冷漠的人天生皮肤温度低，心跳速度慢。另一种则是极端虐待狂式的，对自己的行为无羞耻感，无道德感，表现为明显的反社会人格障碍。

冷漠心理特别是冷漠症的形成，一般与个人早期心理发展有很大关系。如果我们儿时终日被批评，并且得不到父母的爱，就会觉得自己毫无价值。更进一步，还会产生心理上的焦虑和敌对情绪。如果我们因此逃避与父母的接触，就会出现冷漠症状。

冷漠心理形成还源于我们的自私心理，自私心理严重的人，在社会生活中会表现为经常性地、不适应地强调自我，强调个人利益。

导致我们冷漠心理产生的成因是多方面的，一般说来，观念的狭隘和过高的成就动机往往是我们冷漠形成的初因。当我们受到生活的不断打击后，很容易产生冷漠心理。

从深层次分析，冷漠者的内心世界极其广阔，常常想入非非，但又缺乏相应的情感内容。他们总是以冷漠无情去应付困难，以"眼不见为净"的方式来应对所遇到的现实问题，但这种与世无争的外表却不能压抑其内心的焦虑，长期下去，便产生抑郁症等心理疾病。

冷漠的性格，对我们的健康发展十分有害。跟随冷漠而来的是内心深处的孤寂、凄凉和空虚。冷漠心态好似一种心灵上的麻醉剂，会使我们的心灵变得麻木。冷漠态度的最终结果，便是把我们成为玩世不恭、消极混世的自怜者。

冷漠心理对于我们的亲情的伤害是巨大的，一定要引起我们的重视。要知道，如果让冷漠走进了我们的家庭，那我们的家庭就会崩溃，就会成为没有关爱的死亡地带。让我们每一个人都学会关爱吧！

2．消除冷漠的方法

在网络和电脑的陪伴下成长起来的一代人可能更易患上情感冷漠症，其表现即是上网成瘾，对外界刺激缺乏相应的情感反应，对亲情友情冷淡无兴趣，缺乏内心体验，拙于表达，严重的甚至对一切都漠不关心。冷漠的危害是很大的，它是导致我们心理不健康，甚至心理障碍的重要因素。消除冷漠，已经是我们刻不容缓的任务，我们该如何做呢？

（1）认清冷漠

在冷漠的外表下，你心里藏着受挫、无助、孤独、优柔寡断和消极的感觉。你以为冷漠可以保护自己，事实上，冷漠只会使你缺少快乐。

冷漠使我们缺少可以进行情感交流的朋友，使我们的心灵没有寄托，使我们没有改变的勇气，使我们无法清醒地面对自己和自己的生活。

不要以为生活的面目就是冷漠无情的，你可以拥有激情和快乐，只要你愿意。

（2）寻求帮助

尽量和朋友一起面对，把不愉快的事情倾诉出来，让朋友分析了解你，想办法让自己对过去释怀。

（3）查找原因

回想一下，你是从什么时候开始变得冷漠的？是什么事情让你改变了心态？之所以变得冷漠，有很多原因。

有的是因为受到挫折之后非常失落，对自己感到失望，对生活也不再抱有希望，觉得没有信心解决问题。

有的是因为被别人伤害之后，无法获得心理的平衡，因而压抑自己。有的则是因为从小就备受宠爱，变得自私、软弱、缺乏独立性，不懂得爱朋友，造成孤僻冷漠的性格。要打破冷漠，首先就要找出导致自己冷漠的原因。

（4）点燃理想

造成我们冷漠心态的因素很多，其中一个最主要的因素是理想的破灭和信念的飞散。因此我们要确立起科学的世界观，全面地、科学地观察事物，从本质上去理解问题，把熄灭了的理想和信念的火炬重新点燃。

（5）展示自己

冷漠是因为我们经常受挫折而对自己的能力发生怀疑所致，因此，要消除这种怀疑，除了正确地评价自己以外，还要学会适当地表露自己的才能。我们可以多做一些力所能及、把握较大的事情，循序渐进地增进自信，逐步克服冷漠心态。

（6）有所追求

进一步改变冷漠的最好方法，就是让自己变得专注。当你有所追求的时候，你就会充满动力和热情，不再无动于衷。

现在，就为你自己下一个决定，选择专注地做一件事情，或者是一个生活目标，或者是开始一个爱好，尽量选择那些较容易的、比较能使你产生自信和快乐的事情，慢慢地让自己的生活充满积极的情绪。

（7）关爱他人

你可以尝试去关心一下别人，试着让自己心中有爱，在公共汽车上为有需要的人让座，打电话问候一些很久没有联系的朋友，倾听别人的心声，并且想想自己可以为别人做什么。

当你去爱别人的时候，别人也会回报给你爱，点燃你心中的温情，使你觉得生活充满了阳光和希望。

你要明白，冷漠会让你失去更多快乐，无任何益处。而改变冷漠的方法就是重新拥有爱和关怀。关怀你自己和别人，关心你身边的事情，冰雪会在温暖的情感下融化。

总之，我们通过有意识地培养自己较强的适应能力和自制力，有助于冲淡自己的各种苦闷，转移情绪，排除各种干扰，达到矫正冷漠心态的目的。

3. 学会关爱

关爱顾名思义就是关心和爱护的意思，现如今，人与人之间的关系日益冷漠，别人有困难时却不闻不问，要想改变这种社会风气，让人们能够更好地生活，这就需要每一个人学会关爱，我们平时该如何做到关爱呢？

（1）学会关爱孩子

孩子做了错事，当你想发脾气时，请一定保持冷静和理智，避免伤害其自尊心。不管孩子告诉你什么，都要听完，要给他一个平等的发言机会。孩子需要向人倾诉衷肠，以得到情感上的安慰和平衡。要学会倾听。

听孩子说话要留意弦外之音，以免造成误会。以平和的方式与孩子沟通，不要打骂。无论是赞扬或批评，一定要就事论事，恰如其分。批评时不可全盘否定，表扬时也不要说过头的话。这对孩子的心理健康十分重要。

草率的评论和指责会让孩子扫兴，不再说心里话。允许孩子发表不同意见，遇事多和孩子商量，让孩子意识到自己是家庭中的重要一员，这样他会更好地接受家庭的决定，亲近并尊敬父母。

（2）学会孝敬老人

与老人谈话，要和蔼可亲，平易近人，脸上常带微笑，让老人感受到你的亲切。人都渴望自己被肯定，老人就像小朋友一样，喜欢表扬、夸奖，所以，你只要真诚、慷慨地多赞美他，他就高兴，谈话的气氛就会活跃很多。

每个人都会变老，中华民族之所以血浓于水，之所以历经沧桑、生生不息，之所以人情味非常浓厚，尊老敬老是一个很重要的原因。

（3）学会关爱配偶

每个人晚上都要睡觉，你们可以在睡前一起分享一下今天的点滴，哪怕是讲点废话，夫妻间的废话是传达感情、信任、尊重的信息波，有助于彼此情感的互动。

如果利用睡前一小时一起回忆当初的美好时光，有助于睡眠，也有助于彼此感情的升温。

在睡前利用难得的时间一起分析自己的想法，一起解决很多你觉得无法解决的问题。相信你一定会有很美好的婚姻！

拍拍肩膀、摸摸脸蛋之类的小动作能促进夫妻间的感情。所以，在睡前的这个黄金一小时，找点理由有意无意地和对方来点身体接触吧！

一些琐事可以使对方感到你的理解和关怀。如果你总是早早起来，料理一些事情后对方才起床，可以在对方起床之前，再次进入被窝，和对方聊上一会儿，拥抱一会儿。

帮对方做一件哪怕是很细小的事，例如在丈夫刮胡子以前，妻子把镜子上的水蒸气擦掉；在妻子起床前几分钟，丈夫先起来煮咖啡、热牛奶，或者换好花瓶里的水。一起出去吃早饭或晚饭，重要的不是吃喝，而是有机会在一起消磨时光。假如总是对方洗碗，某一天你可以主动去洗碗；假如总是对方做晚饭，某一天你可以一显身手，去烹调一次晚餐。

总之，关爱像一缕春风，拂去你心中的愁云；关爱像一束阳光，照亮你心中的黑暗；关爱像一泓清泉，滋润你干涸的心灵。让我们一起学会关爱吧！

温馨小提示

你想知道自己是否冷漠吗？现在来测试一下吧！现在请你仔细回忆一下，最近一个月以来，你有下列情况发生吗？

单位开会时，找理由不参加吗？

大家聊天时，独自一人闷闷不乐吗？

集体活动时，悄悄溜号吗？

同事有困难时，根本不理睬吗？

被邀请参加聚会时,以各种借口拒绝吗?

正常的夫妻生活也不想吗?

亲朋有事情相求时,会推辞没有能力帮忙吗?

不与同事、领导主动交流吗?

上述问题,建议你在自然的状态下,真实地回答。上述问答,如果出现两个以上"是"的话,说明你有了冷漠心理,应该及时调节。

不要让唠叨成为习惯

唠叨就是指说话或者写文章时啰唆、不简洁。研究发现,家庭中的女人一天说的话可以是男人的两倍,所以,现实生活中,女人比男人更爱唠叨,特别是随着年龄的增长,不少家庭中的女性唠叨的频率增加,有些老年女性唠叨得更厉害。

唠叨是女人的弱点,也是对被唠叨者的一种不良的心理刺激,常常因此而使家庭发生多种矛盾。唠叨带来的往往不是双方的缓和,而是越唠叨越使双方的距离越远。

所以,为了家庭的和谐,女人们还是尽量学会适可而止吧。

1. 了解唠叨的表现

心理学认为,唠叨是家庭女性普遍存在的不遵从理性的个性特质的一种表现,但是男人们不是了解人性的心理学家,也不是宽恕一切的神,所以,男人们很难承受女人的唠叨,唠叨很可能成为他们在情感上离开的重要因素。但女人从来不觉得自己唠叨,于是,男人和女人间的家庭战争就从唠叨开始了,这些现象主要表现为:

（1）重复命令

当女人对男人发号施令得不到回应，就会不断地重复要求，例如："你究竟要什么时候才出发？"

（2）关心提醒

即使是出于善意的提醒，只要不是男人想听的，也算唠叨，如："你今天吃药了吗？"或者"今天降温，别忘了多穿衣服。"

（3）称赞他人

有时女人表达的是对男人言行的欣赏，但如果男人觉得女人话中有话，这也算唠叨，如："隔壁的老王今年情人节买了一个名牌包送太太，她得意地向大家炫耀呢！"或者"听说老吴很会修理电器，任何东西坏了，他三两下就能搞定！"

（4）分享心事

家庭中的女人忙了一天好不容易两个人见到面，跟爱人说说心里的想法。但男人下了班就想放松，安安静静地看个报纸就心满意足，此时女人如果抒发千言万语，男人就会很烦。

其实，对女人来说，这些很普通的话是自己对爱人的沟通，但到了男人耳朵里，却通通变成同一种对"啰唆唠叨"的定义。

2．认识唠叨的原因

在日常的社交活动中，似乎男性更沉默寡言，女性则很容易就能找到话题，甚至人们也常常用诸如婆婆妈妈等以女性类比的词语来形容话多的人。研究发现，家庭中的女性爱唠叨的主要原因是：

（1）生理基因

研究发现，决定人类语言能力强弱的是一种名为"FOXP2"的语言决定基因。这种基因不仅存在于人类，也存在于人类的一些灵长类近亲，比如黑猩猩、大猩猩、猕猴等，甚至在鼠类中也有发现。但是相比这些生物的"FOXP2"基因，人类的"FOXP2"基因氨基酸序列上产生了三处变化，其中两处变化发生在约600万年前，人类与黑猩猩各自的分支分离以后。

"FOXP2"基因的这种变异明显改变了相关蛋白质的形态，使得人类的祖先对于嘴和喉咙肌肉有了更强的控制能力，只是这种变异的效果对于人类的男性和女性而言并不完全一致。

有研究者对同一个家庭长大的一男一女共3000对龙凤双胞胎进行了研究，发现一个普遍的结果：在2岁左右的阶段，女孩子的语言能力发展得比男孩要更快一些。这说明了男性和女性在早期的语言能力方面是有差异的，而性别对于语言基因的作用方式显然是有影响的。可以这么说，女性更会说话，实在是基因优势领先一步。

（2）大脑功能

研究者通过解剖比较正常男性和女性的大脑发现，女性大脑中负责维系左右部大脑间联系的胼胝体比男性更为宽大，专门负责语言功能的颞叶脑平面，男性则是左脑更加粗大一些，女性颞叶脑平面则并没有特别集中在左脑，而是左右相差无几。

分析认为，这说明在进行语言功能运作的时候，女性的大脑更多地依赖左右脑协调进行工作，比起男性左右脑分工明确，各个区域各司其职的做法，显然女性更有语言能力方面的优势。并且由于女性的脑通道更加发达，造成了女性容易喋喋不休。

至于为什么会出现这种奇怪的不平衡现象，这是因为男女发育的特性对脑部造成了不同的影响。因为在胚胎期时，男性睾丸就会分泌出雄性激素，这些激素会延缓左脑的发育。与此同时，女性分泌的雌性激素则能促进脑的早熟，并帮助控制与语言相关的皮层更早发挥作用，从而在脑功能上就确立了女性语言方面的先天优势。

（3）进化分歧

对于女性的语言优势，研究发现，从父系时代开始，男外女内的风俗形成，男人更多地使用肌肉去解决问题，而女性则更多留在家中和孩子以及其他同伴沟通交流，从而演变出如今男性和女性在语言方面的差异。

研究还发现，虽然很多男女说同一种语言，但是女性语言中至少包含了5种语调，而男性则只有3种语调，历经数千年的进化，在一天之内，女性能够使用一种包括复杂的语调、面部表情、手势在内的丰富手段，发出多达2.4万个交流信号，而男性每天则最多7000～10000个信号，这也就难怪男人们认为女性更爱说话了。

3. 克制唠叨的方法

女性爱唠叨，给家庭生活增添一些烦恼。试想，哪位母亲不希望自己的子女健康成长，生活幸福。哪位妻子不希望自己的丈夫健康幸福。可是爱唠叨的女性是否曾想过自己的唠叨造成了家庭气氛的紧张，夺去了子女应有的一份欢乐幸福。同时，辛勤工作一天的丈夫，多么希望得到妻子的一份柔情，但是女性的唠叨给丈夫更多的却是失意。为此，作为爱唠叨的女性，应该努力克制自己的唠叨心理。

（1）多充实自己

研究证明，在工作中感到快乐和充实的职业女性很少在家里唠叨。这些职业女性没有时间和精力去唠叨，她们的注意力集中在工作上，因为在工作中可以获得很多的赞赏、奖励和建议。

爱唠叨的女性应该注意多充实自己，随时保持忙忙碌碌的，这样，自己想多说话的机会都没有了。

（2）该说的才说

女性唠叨的动机是好的，为了丈夫和孩子。可是唠叨的效果往往是适得其反，丈夫厌烦，子女逆反，还惹了一肚子气。这说明唠叨对自己、对他人都会产生不良的心理效应，既没给自己增添幸福，也没给别人创造幸福，说明唠叨是不可取的。为此，爱唠叨的女性应该多反思唠叨的危害，该说的事才说，这样才能走出唠叨的误区。

（3）冷静思考

不愉快的事情是最容易让女人唠叨的，她们总是不厌其烦地诉说着自己的不快和郁闷。为此，爱唠叨的女性在自己的丈夫心情也不好的时候，就不要在他面前唠叨个没完，那样只会引来争吵。

我们可以想办法控制自己的情绪，或者把坏情绪通过另外的途径排解出去，等到双方都冷静下来时，再把事情拿出来仔细讨论，讨论的时候应该心平气和，保持理智，不能使用过激的语言。

（4）换位思考

爱唠叨的女性应该多想想，如果自己的丈夫经常唠叨自己，自己是否也厌烦；自己的子女如果也经常唠叨自己的话，自己是否也反感；自己的母亲如果也经常唠叨自己的话，自己是否也感到心烦。从这些换位思考中，自己就会发现实在没有必要多唠叨。

（5）采用温和的方式

当女性唠叨丈夫不给自己买生日礼物的时候，不如向他撒个娇，娇嗔地说："老公，我知道你希望我越来越漂亮，所以，我准备用你钱包里的钱去买一套化妆品作为你送我的生日礼物，你说好不好？"听了这样的话，哪个老公会拒绝呢？

所以，除了唠叨，女性完全可以使用一些温和的方法去实现自己的目的。

(6) 要有幽默感

以幽默的方式对待发生的事情，会让自己的心情舒畅。有的妻子催促丈夫到浴室给自己送浴巾，丈夫的动作慢了点或没理睬，她们竟大动肝火，开始唠叨丈夫不爱自己。生活中，很多事情是没必要生气的，但是一些女人常为一些不值一提的小事紧绷着脸，把甜蜜的爱情转变成相互指责和怨恨。

为此，爱唠叨的女性不如培养自己的幽默感，让自己每一天都保持心情舒畅。

温馨小提示

在烧毁爱情的一切烈火中，唠叨是最可怕的一种，就像被毒蛇咬到，绝无生还之望。

那么，你是不是一个爱唠叨的女人呢？问问你的丈夫吧！如果他的答案是肯定的，那么请你理智地对待，为了你们的爱情和婚姻，想办法让自己远离唠叨吧！

其实，想要自己不唠叨，最简单的方法就是不要重复地讲话。

比如你提醒丈夫三次以上说他曾经答应过要陪你去散步，而他纹丝不动，说明他根本不想去。那么，你就住嘴吧，别再重复，因为唠叨只会使他下定决心决不屈服。

认识大男子主义

大男子主义是一种理论和一种行为，是和我国几千年"男尊女卑"的传统封建思想影响分不开的。具有这种思想的男人认为男子应该优于女子居于主导和支配地位。显然这种思想是落后而不平等的。但客观地说，大男子主义也是个有弊有利，褒贬各半的词汇，新时代的大男子主义，在除去旧时弊端的同时，保持了男人固有的刚毅和责任，这也是大男子主义者值得称道之处。所以我们要正确而客观地认识大男子主义。

1. 了解大男子主义的由来

封建社会妇女没有地位，嫁鸡随鸡，嫁狗随狗，一切都掌握在男人手中。

做丈夫的可以胡作非为，妻子却不能有半点恼怒。时至今日，这种现象虽然有了很大程度的改变，但在一些男性身上，还能看到这种烙印的痕迹。

有大男子主义的男人通常都有很强的自尊与自信，具有典型男人魄力和创造力，计划性强，做事果断，敢作敢为。他们在社会、单位、家庭中往往处于举足轻重的地位，为周围的人带来安全感。他们在孩子面前更能树立高大、严厉的父亲形象，对孩子后天教育起到积极影响，能够培养孩子独立自主的性格。

大男子主义轻的可造成家庭不和睦，子女有抵触情绪。如果这种现象恶性膨胀，走向极端，会导致婚姻破裂甚至导致犯罪。

2. 认识大男子主义的一般表现

有大男子主义思想的男人，不管在家庭还是在社会上，他都认为一切权力应该掌握在男人手中，任何事情都是自己说了算，大小事儿都不让妻子干预。

不管事情的孰是孰非，都认为自己说的是对的。

大男子主义在家庭中的具体表现是：

一切大小事都由其说了算，妻子没有决定权、发言权，甚至是知情权。

男人永远是对的，妻子永远是错的。

不做家务、不照看孩子、不愿意陪老婆逛街。

在外面生气，受气，所受到的委屈全在妻子身上补回来，妻子是他们的出气筒。

他们是主，妻子是仆，妻子应包揽一切家务，习惯享受。

在外面，对妻子大呼小叫，来维护男人的尊严，妻子只能忍气吞声。

他们霸道地要求妻子对他好，自己却不付出。

3．认识新大男子主义的表现

男人在社会、单位、家庭中始终处于举足轻重的地位，尽管男人时常表现出自己的霸道，但他们能挑起生活的重担，为周围的人带来幸福和安全感。

他们一言九鼎，让人信服和敬佩，能得到妻子的赏识。

他们有一颗宽容慷慨的心，不会为了鸡毛蒜皮小事同妻子斤斤计较，把保护妻子和孩子作为己任，能得到妻子的尊重。

新大男子主义在家庭中的具体表现是：

认为照顾妻子和孩子是他的义务，妻子、孩子受冷受饿，受委屈是他的不对，他会感到难过。

不让家人为他担心，在外受了委屈会一个人扛。

不主动挑起家庭的战争，以理服人，他知道吵架解决不了问题，即使再生气，也不会动手打妻子和孩子。

在外面要求妻子给足面子，在家可以不要面子。

所有错误在家说，尽管口头不服，但会接受家人的建议。

对家庭的爱虽然不挂在嘴上，但是会把家人放在心里。

在生活上会提出建设性意见，但不会强迫妻子和孩子。

铁面无私，对于家人的不善之举，决不会姑息纵容。

宽宏大量，对家人放心，相信妻子和孩子。

有男子汉气概，是儿子心目中的榜样。

对待朋友慷慨大方，珍惜友情，不惜为朋友两肋插刀。

温馨小提示

你还在想自己是不是一个大男子主义者吗？其实是不是并不那么重要，你只要从现在开始，做个好男人就行！

我们男人之所以是男人，是因为男人天生就有让他所爱的人幸福的义务。这种义务是需要爱才能实现的。

没有爱就不可能奉献，就无法实现男人天生的义务，所以并不是所有的男人天生就会做男人的。

我们男人还需要不断地修炼自我，练出宽阔的胸怀、乐于奉献的品质，成为一个好男人。

爱需要胸怀，需要容忍。我们能给所爱的人以撒娇任性的自由空间，甚至是一些无关原则的缺点错误。

爱得越深，这种容忍就越能发自内心，成为内在的品质，成为爱的自然流露。

宅男具有许多独有的特征

"宅男"是网络时代兴起的一个词，是指痴迷于某事物，依赖电脑与网络，每天待在屋子里，厌恶上班或上学的一类人。在现代大学生中较为普遍。他们的特点是足不出户，与外界交往不多。由于常常封闭在自我的天地中，所以容易出现许多问题。为此，有必要引起我们的重视。

1. 了解宅男的特征

宅男作为一个新兴的文化群体,有许多独有的特征。具体来说都有哪些呢?

(1)厌恶外出

宅男都是自食其力的,也正是出于对业余爱好的疯狂痴迷,宅男才必须无奈地忍受出门工作的烦恼,即便不出门,也必定有能带来收入的自由职业或者一笔自己挣来的积蓄维系生活。

那些花着父母血汗钱来显摆的人,不是宅男。说得难听点,他们是啃老族。

(2)执着于自己的专注

宅男对自己专注的事物很执着,但执着的对象并不局限于个人喜好。他们对自己专注的事物往往投入超乎常人想象的精力、财力,并且其个人喜好不局限于一种。

(3)为人低调内敛

宅男大多沉默寡言,不善交际,活在自己的世界里不想走出来。即使说话也尽量缩短耗时,反正是能不张嘴就尽量闭着。与自己喜好无关的人、事、物不想多费口舌。

(4)时间观念淡薄

宅男待在自己的房间里,时常因为醉心于手头的事情而忘记时间。对于宅男来说,有精神的时候就是白天,不得不睡觉的时候就是晚上,颠来倒去,几乎没有日与夜的概念。

因为作息时间毫无规律可言,所以迟到是家常便饭。但在虚拟世界里,对于时间的把握能力却令人难望项背,甚至可以说出一集动画哪一秒是什么台词,还有对游戏的操控可以精确到秒。

2. 认识宅男背后隐藏的问题

无论是生活娱乐全部在家里进行的宅男一族，还是在家办公的宅男一族，在外人眼里看来都是活得比较潇洒的。可是潇洒的背后，隐藏了被人忽视的问题。这些问题都有哪些呢？

（1）电脑辐射

普通大众早已离不开电脑，对于宅男来说，电脑更是生活的必需品，每天亲密接触电脑8小时以上的宅男们都会面临电脑辐射导致的失眠、易怒、颓废、免疫力下降等问题。

（2）熬夜费神

即使地球人都知道熬夜有害于健康，但是宅男往往仗着自己年轻体壮，于是随心所欲地熬夜也就成为他们的家常便饭。

（3）久坐伤身

宅男，突出了一个"宅"字，既然天天待在家里，每天吃快餐或垃圾食品，而且很少运动，那就要当心，一些疾病可能会找上你！另外，专家指出，这种生活方式会使人体气血不畅，代谢下降，各种疾病提前报到。

（4）引发自闭

一项调查显示，随着信息技术的发展，越来越多的宅男，因为过分依赖网络所形成的虚拟世界，正逐渐脱离现实世界，甚至出现新型自闭。专家提醒，宅男族基本的社交技能可能退化，甚至会患上电脑自闭，导致心理障碍。

（5）思想偏离

宅男和普通人的世界观绝对不一样。他们经常说着一些普通人听不懂的词语，穿一些普通人没见过的衣服。

（6）人生危机

宅男在内心对现实中生活的重视度很低，柴米油盐酱醋茶等日常琐事自然得过且过，只要不出门平时就让自己邋遢得不能见人。

3. 削弱宅男意识

我们宅在家里，不一定就非要成为宅男，最起码我们不能因为宅而影响自己的健康。我们该如何做呢？

（1）认清危害

首先我们要意识到宅男生活是不健康的，长此以往，会影响我们的工作效率和身体健康。

（2）提高心理素质

我们应当多参加一些社交活动，要在现实的正常社会生活中提升自我，增强自信，实现自我价值。

（3）自我保健

我们要注意坐姿端正，防止脊柱变形与驼背，眼睛与屏幕应保持一定的距离，使双眼平视或轻度向下注视荧光屏。

我们要注意劳逸结合，在连续玩电脑一小时后应该休息10分钟左右，适当活动筋骨，放松颈肩肌肉。可以多饮些具有抗辐射作用的绿茶。

我们在操作完电脑后要彻底清洁面部，预防吸附在脸上的灰尘引起小痘痘，注意增加皮肤水分，每天还要保证充足饮水。

温馨小提示

你是不是宅男呢？现在看看下面的内容，看完就知道自己是不是一个宅男了。

痴迷于动漫、明星、某人、某事情，此种痴迷是突发性的，突然爱上，不能自拔。

长时间不用电脑将会很要命。

一门心思想上网，上网又没事做，经常挂在网上。

有时候会很厌恶上学、上班，极度讨厌却没有办法。

没有规律的作息时间。

与其出门，不如待在家里。去外面参加活动往往会花很多时间考虑。

不喜欢在现实中接触陌生人，看到陌生人会感到恐惧。

在不喜欢的事情面前，会掩饰自己内心的想法，得过且过。

有时候感觉自己有双重性格。

喜欢收藏一种或多种物品，并乐此不疲。

一般情况下是独身。

喜欢写日志或日记，或用相片记录自己的生活。

有喜欢虚拟人物的倾向。比如漫画里的角色、书本里的角色等非现实生活中的人物。

常常会养一只宠物。

让宅女融入人群之中

"宅女"是现代社会流行于网络、报刊上的时髦词。这个词语最早源于日本，是专指那些整天足不出户，热衷于动画、漫画、电子游戏的人群。这个词引入我国后，意思被引申，词性也渐趋于中性。于是，现在人们习惯把那些整日不愿外出、不爱与人交往、沉迷上网、玩游戏、网上聊天的人，通称为"宅男宅女"。

经研究发现，宅女以25岁至40岁左右的白领女性居多，她们大多喜欢在下班后宅在家中。由于这类女性待在家中，靠手机和电脑与人交流，过着几乎与社会隔绝的生活，这对她们的身体和心理健康是非常不利的，为此，现代女性必须对此引起重视。

1．了解宅女的行为表现

宅女是网络技术的衍生品，不少宅女认为，自己大门不出，二门不迈，但并非不关心国内外大事，她们通过网络看新闻、读报，能够了解时事，尽管少与人见面交往，但她们可以通过网络、电子邮件等方式广交朋友，畅叙心中的感受。她们的日常行为主要表现在以下方面：

（1）痴迷于某件事物

小说、电影、韩剧、游戏等都是当代宅女比较痴迷的事物，沉迷于其中的年轻白领也不少。有的为了"偷菜"，可以从早上7时至晚上24时都一直守在电脑面前或捧着手机，看守着自己虚拟世界里的"农场"。

（2）依赖电脑与网络

数据显示，有65％的大学生宅女平日在宿舍通常是上网。其中一半以上的女性用电脑或手机看电影、上网聊天还有玩游戏。而只有少部分同学上网是为了学习、看新闻。

在被问到长时间不用电脑或手机上网会有什么感觉时，超过一半的人会有点不习惯或心里空落落的，总觉得少了什么。可见，宅女们的生活已经离不开网络且对其产生了依赖。

（3）作息时间不稳定

不少宅女喜欢把待在家当成一种时尚的生活方式：每天睡到自然醒；整天对着电脑或手机；喜欢用手机或游戏机打发时间；喜欢通过网络与人互动；每天固定浏览社群网站；每天吃快餐；久坐在电脑前或久看手机从

而导致自己的作息时间不规律，收入也不稳定。

（4）不喜欢与人交流

宅女认为宅在家里可以避免一些不必要的麻烦。比如说不用出门，不用花费心思打扮自己。甚至可以穿着睡衣在家中待一天，既方便又舒适。吃饭时，不想出去的话也可以叫外卖。也不用接触陌生人，就生活在自己的小圈子里。

2. 认识宅女形成的原因

随着现代社会的快速发展，人们生活方式变得多元化，宅女也由此涌现。

宅女们虽然都喜欢在家窝着，但她们的目标是生活，而非生存那么简单。也正因为她们对生活有着期待和欲望，因此，她们便通过不同的宅法反映着她们的心理诉求，这也是她们的主要形成原因。

（1）懒惰的思想

用宅女们自己的话讲，宅在家里只是懒得动而已。她们懒得出门，觉得奔波的生活很令人疲惫，又有幸赶上高速发展的科技时代，在网络技术的支持下，她们足不出户就可以了解世界万象，与朋友沟通交流，甚至可以通过网购获得她们想要的任何商品，于是网络成了她们的生活必需品。宅女们便很随意地宅在了家里。

（2）无明确目标

部分宅女总是觉得生活无聊，每天除了必要的工作和学习之外基本上无事可做，于是她们只好宅在家或者寝室里。

其实追其究竟，她们宅在家里的主要原因是她们还没有一个明确的生活目标和清晰的学习规划，于是每天只好靠无所事事来打发时间。

（3）不善于交际

有些宅女性格内向。不擅长与人交际。或者说她们害怕与人交际，总觉得与人交流交际是一件很困难的事情。于是在这种心理的催化下，她们越加封闭自己，生活在自己的小世界里。

（4）逃避心理

心理学对宅人族研究发现，不少白领类和学生类宅女成为宅人的最主要原因是生存压力太大，这些压力主要包括工作压力、考试的压力、与老师和同学以及其他人交往的压力、对于理想大学生活与现实出现不一致的压力等。在这些压力面前，宅女们变得无所适从，于是她们开始寄情于网络。

（5）沉迷于网络

调查发现，许多大学女生离开自己的家来到大学里求学，除了正常的上课时间外，其他的时间就基本上是自己安排，有些同学会选择做兼职，也有些会参加一些社会实践，或者参加形形色色的社团活动和校园活动等。

并不是所有学生都选择了这些，那些找不到生活的寄托的女大学生，她们感觉茫然无措，而网络正好弥补了她们生活的空乏。

她们待在宿舍里上网看电影，看各种电视剧或者比赛，浏览网页看新闻、玩网络游戏等。并且她们越来越发现这种生活是多么的闲适自由，于是她们越来越喜欢这种网络生活，越来越喜欢宅在寝室这个小天地里乐得轻松。这让很多年轻人的心理在虚拟世界中日益封闭，人与人面对面沟通的能力大大退化。与人交往时，出现恐惧、自卑、害羞、封闭心理，宁愿缩在自己的小空间里。

3. 清楚宅带来的不良后果

互联网为宅女们提供了自由表达思想、疏泄压力和情感的平台。但是，成天泡在家里，与现实社会隔绝，久坐少动，饿了吃快餐食品，这种宅人族的生活方式对人的健康是非常不利的。据调查发现，长期在家里的宅女很容易出现以下健康问题：

（1）容易出现心理疾病

由于人是社会性的，需要社交活动。在人与人的交往中，我们可以提升自信，认识自我存在的价值。长期缺乏人际交往，人会变得古怪、自私，与人相处的基本社交技能也会退化。为此，成天待在家里的宅女在与人交往时，易出现恐惧、自卑、害羞、封闭心理。

有人曾做过相关调查，结果有多数宅女坦言，自从长期独处后，她们不愿意接触陌生人，有的人甚至因此而患上心理障碍和精神疾患，如抑郁症、孤僻症等。

（2）容易引起身体疾病

宅女们喜欢将自我封闭起来待在家里，但不规律的饮食、睡眠以及缺乏运动，会让她们的身体趋向于亚健康。

因为她们在家里待久了，无法呼吸到大自然的新鲜空气，长时间没有感受阳光，对身心都有一定的损害，如视力下降、眼睛干涩、颈椎酸痛、腰椎病等，有的女性由于久坐，会阻碍盆腔内的血液循环，不仅导致痛经或某些妇科炎症的发生，有的还会导致输卵管不通。

体质较弱者也可能因久坐而引起内膜组织增生，患上子宫内膜异位症。这些疾病都可造成不孕不育，会严重影响女性的未来生活。为此，宅女们必须认真看待自己的宅中生活。

4. 改变宅女的重要方法

作为年轻的女性，长期待在家中，缺乏与人交往，不仅会导致自己的基本社交技能的退化，而且还会影响自己的身体，让自己得不偿失，为此，建议宅女们改变自己的这种生活模式。

（1）明确生活目标

宅生活只是一种生活方式或生存的状态，对任何人而言，这都绝对不是最终的生活目标。每个人的内心都有一种自我成长的力量，有着种种对生活的期待和渴求，为此，宅女们应该试着聆听一下自己内心的声音，慢慢激发起改变的愿望。宅女们要相信自己是可以，而且有能力改变的。所以，从现在开始，宅女们要做一个有明确目标的人。

大多数宅女待在自己的家里大部分时间是用在电脑或手机上网，在不断地上网中依赖起网络。

网络在这个高科技发展的时代是非常棒的发明，这是毋庸置疑的，但是作为年轻女性在使用网络的同时也要明白如何好好地利用它，但又不能过分依赖它，应该认识到网络的积极方面，而远离其消极不利的因素，取其精华去其糟粕。

所以，建议女性在利用网络时把握好其中的度，合理安排自己的上网时间，这样对自己的身心健康都是有益的。

（2）参加社会活动

为了自己的身心健康，宅女们应该多参加社会活动和体育运动。社会活动能保持与外界的接触和互动，能增加我们与他人的交流和沟通，增强我们的爱心和责任感。运动有助于放松心情，缓解压力，提升精力，并会给我们带来健康和愉悦。

（3）改变生活方式

宅女们应学会走出户外，经常到外面走走，走入大自然，呼吸新鲜空气，有条件者可定期出门旅行，这样既能拓展自己的视野，享受生活的快乐，懂得珍惜和感恩，又有助于自己的身心健康。

温馨小提示

如果你的确有宅生活的爱好,你可以试着慢慢改变自己的生活习惯,要在享受宅生活的同时,也注意身体的健康。

为此,建议你每次上网一个小时后应休息5~10分钟,经常做扩胸、下蹲等运动,到窗前远眺,以缓解眼睛的疲劳,并呼吸新鲜空气,同时注意科学进食,少熬夜,这样有助于增强自身的抵抗力,减少疾病的发生。

"421"家庭的幸福艺术

"421"家庭是指一对独生子女结婚生育之后,家庭结构的组成模式是四个父母长辈、一个小孩和他们二人。也就是说,这两个年轻人要负担起四位老人的养老重任和至少一个孩子的家庭压力。这种家庭模式,是我国现阶段最基本的家庭结构。

据有关专家预测,未来十年,包括独生子女与独生子女、独生子女与非独生子女组成的"421"家庭的"独生父母"在我国至少会达到上千万,并将成为社会的主流群体。因此,我国的家庭结构将会发生结构性的根本变化,同时也带来了许多问题。

1. 养老压力的问题

在"421"家庭中,那些"独生父母"多是昔日家中的"小皇帝"和"小公主",现在要担负起家庭和社会的重任,这确是有些令人担忧。

一方面是老龄化社会的快速到来,一方面是现代社会生活节奏的加快和工作压力的增大,这些"独生父母"们本来为了工作和家庭就疲于奔命了，还要承担起家庭的重任。

"421"家庭引发的最主要的社会问题就是养老的压力。在我国，家庭养老仍然是主要的养老形式，这来源于我国的特殊国情和传统的"孝"文化。尽管老龄化和独生子女婚配的"421"家庭结构，给家庭养老带来了沉重的压力，但以家庭养老为主和社会养老为辅仍然是具有中国特色的，而且在很长时间内仍然要维持这种形式。

有关专家指出，"421"家庭没有传统家庭结构中兄弟姐妹的帮助，没有足够的回旋余地，脆弱的家庭结构要承担起养老的重任，那就显得力不从心。

甚至有专家指出，随着"80后"的父母逐步跨入60岁门槛，"80后"在成为房奴、车奴、孩奴的同时，很可能成为"养老奴"。在"421"的家庭结构模式中，"80后"面临的赡养老人压力远远大于"70后"和"60后"！

人们出于对医疗保险体系的担忧，一般家庭都采取积极储蓄和节省消费支出的方式进行生活，这是现在中年人的普遍心态和行为。那么，这样导致的生活压力就很大了，生活的顾虑也很多，也就谈不上生活的幸福感了。

在"421"家庭中，传统大家庭式的生活方式和养老方式已不再适用了，有相当一部分子女无暇也无力很好地赡养老人，除了依靠社会养老保险外，积极进行理财，采取个人退休储蓄与保险投资则是重要的措施。

对于"421"家庭来说，最重要的就是整合家庭资源，使全体成员团结协作。要给家庭里各位成员做好保障。对于没有医疗保障或保障不完善的四位老者，要为他们购置基本的医疗保险和意外伤害保险等。最好能赶在保险公司规定的截止年龄之前办好，而且越早越好；夫妻作为家庭财富的主要创造者，除了基本的社保外，还需要增加商业医疗保险、定期寿险、失业保险等；为小孩子购置以分红为主、附带保障功能的理财型保险，为将来的大额支出做好充分的准备。

2. 子女教育的问题

在"421"家庭中，三代人呈现倒金字塔形态，一家人的爱几乎都倾注在第三代"1"的身上。但由于"4"老人与"2"夫妻两代人的看法和观念存在着较大差异，生活方式也不同，因此，在"421"家庭中，子女教育的问题最容易产生分歧，从而影响对孩子的教育，甚至影响家庭的和睦。

所以孩子的教育，一定要找到正确的方法。在满足孩子精神和物质需求时要适当，要有延迟。尤其是在物质上，要让他们知道东西来之不易，这样才会珍惜。不合理的要求决不妥协，否则他们会抓住父母情感上的弱点，会要挟父母。但同时也不应过于严厉甚至是专制地管教孩子，孩子有了缺点和错误，除了要严厉指出外，还要给予充分的理解和引导。

在"421"家庭中，家庭教育存在不一致的现象，那就是隔代教育的不一致。在这个时候，父母要有所选择和保留，要以自己的教育观为主和祖辈的教育观为辅。因为祖辈的教育观更适合过去那个年代的孩子，而且祖辈往往对孩子溺爱有加，不利于孩子形成独立自主的性格。而在产生分歧时，家庭会议或饭桌上的讨论不失为好的沟通方式。同时也可以让孩子参与进来，这样的家庭才更民主，也更有教育效果。

温馨小提示

年轻的朋友，你是不是属于"421"家庭呢？建议你可以采取"1+2+4"的模式来进行理财，就是建立一套以置业规划为重中之重，以家庭保障和子女教育为两大发展基础，依托信用积累、职业追求、"一桶金"准备、收支预算控制四大因素在内的动态理财规划体系。采取这些方式，你也会感觉到生活在"421"家庭中，也是十分幸福的！

首先，置业规划要梯度消费、张弛有度。如果你已利用银行按揭购房，特别是已负债购房，那就尽量延长贷款期限，选择低利率的贷款方式，推迟提前还款，选择梯度消费。并且购房先以孩子教育为首要因素，到中年时再考虑住宅升级。在将来现金流宽松的情况下，你再优先归还住房贷款，并在结清贷款后抵押申请综合授信，必要的时候提高你的家庭财务杠杆。如果你尚在租房，那么一定要强迫自己做好储蓄，并为买房做好准备。

采取全面的、动态的家庭理财规划是必不可少的。一是你日常要注重积累良好的信用。那么你在遇到突发资金需求时，无论是向亲戚朋友借，还是找银行借贷，良好的信用会助你一臂之力；二是你要有事业的追求。你要知道，兢兢业业工作是收入和财富的最大来源；三是你要为创业准备"一桶金"。你可以用基金定投的方式准备一份资金，这份资金的投资可以让你创业、养老和应急等；四是你要为整个家庭做好收支控制，并学会编制家庭资产负债表和收支表等。

在理财方面，你还要做好长远保障规划。首先，你要建立家庭日常紧急备用金，一般是你家庭月度开支的3~6倍，这部分资金可以以货币市场基金的形式来储存。另外，你可以到银行申请办理信用卡，以备不时之需；其次，你在理财上要做一个中长期规划，特别是子女的教育规划和你的养老规划。子女教育规划可以根据孩子教育经费总量的需求，采取每月以定投方式来进行积累。

认识丁克一族产生的根源

丁克一族的定义是：双职业，能生育但选择不生育，并且主观上认为自己是丁克的夫妇或者个体，称为丁克。

自20世纪80年代起，丁克一族悄悄在我国出现，当时这样的家庭会被别人议论或者谴责，甚至被别人怀疑有生理问题。而现在，随着社会的多元化和舆论环境的改善，这种家庭已经被社会和公众理解和接受。

1. 了解丁克现象的产生根源

"不孝有三，无后为大"的传统观念在中国人的心目中根深蒂固，所以，丁克家庭很难成为全社会的生活潮流，但在夫妻文化程度都比较高的家庭里，这一观念却大有市场。

从20世纪90年代初至90年代末，在我国的各大城市里，丁克家庭的数量正稳步上升，其成为某个特定阶层的婚姻时尚，也就在所难免。

（1）自我价值较高

一些文化素质较高、事业心强的夫妇，有他们的人生观、生育观，他们觉得人生苦短、精力有限，鱼与熊掌不能兼得。为了让才华在有限的时间和精力内得到最大、最有效的发挥，为实现自我价值，婚前双方就订立了一辈子不生育的协议。

如一对博士、研究生夫妇婚前订了自愿不育的协议，有人劝他们说："一辈子不当父母的人不算完整的人……"当丈夫的回答："当了父母无法体现自身的人生价值，更是不完整的人！"他的妻子更是直截了当地说："把没有当过母亲的女人视为不完整的女人的论调是完全错误的，是对南丁格尔等以及全世界1/7女性的侮辱！"

（2）享受两人世界

在现代社会中，一些夫妇追求现代化的享受、高质量的生活。

他们吃生猛海鲜，穿名牌服装，行有私人轿车，要进歌厅、舞厅、酒吧……

现代人为抚养、教育子女所付出的昂贵费用，现代社会生存竞争的剧烈，也使这些城市新潮人物望而生畏。而丁克家庭由于可以省却养育子女的大笔开销，生活质量肯定高于普通家庭。

（3）愿意放弃生育

有的妇女特别是从事妇幼工作的妇女，看到妇女分娩的痛苦、妇科疾病的折磨以及养育儿女的艰辛，而在婚前就向男方提出不唱"摇篮曲"。在大城市的大医院，在妇产科中的医护人员中丁克家庭往往占较高比例。

（4）生活环境不好

有的家庭婚后住房问题不能解决，蜗居斗屋，为此不愿承受添丁加口所带来的烦恼。这在上海、北京等人口较密集的城市较为突出。

有一位女士，其夫妻与公婆同居一屋，婆婆是个啰唆得叫人难以忍受的老太太，为了一件鸡毛蒜皮的事，她可以唠叨几个钟头。而公公又非常粗暴鲁莽，对老伴污言秽语、拳脚相加，老两口天天一小吵，三天一大吵……

虽然老头老婆抱孙心切，但这位女士苦恼地对别人说："把孩子带到世界上来，就应该给予一个和谐的家庭环境，没有一个温馨的家庭，宁可不要孩子，保持丁克。"

（5）婚姻缺乏稳定

一位女士婚后3年一直没有孩子，当她的知己好友问及缘由时，她说：

"我们婚后性格不合,生活目标不同,吵架几乎成了家常便饭,常常打冷战,各自为政……孩子一出生,就得尊重他的人权、生存权。让孩子出生于一个争吵不休的家庭,是对孩子的不负责!"

2. 认识丁克现象的男女心理

我国大约有10%育龄夫妇不准备要孩子。这些丁克家庭夫妇两人平均教育水平一般都在大专以上。而在这些家庭中,由男性提出不要孩子的比率占到60%,比女性要高,那么,这些不想做爸爸妈妈的人到底在想什么?

(1)工作压力大

紧张的工作带来无限压力,这是一个主要原因。有一位叫珊珊的女士,由于能力很强,没工作几年,就已经是一个部门的领导,丈夫是某公司的业务经理,经常外出,两人结婚4年,要孩子的问题一直没有提上议事日程。加上双方的老人都不在身边,他们不知道要了孩子能否应付得了。

一些丁克家庭的青年朋友无奈地说:"不是我们不喜欢小孩,平时很忙,竞争又激烈,根本没有精力考虑。如果要孩子就要对孩子负责,如果要了又无法照顾好,那还不如不要。"

(2)避免孩子受罪

丁克男女认为,所谓的"受罪"并不单指经济上的问题,更多的是来自现在这个竞争激烈的社会,从小至大为学业、为工作、为社会地位奋力拼搏,在将来的社会,竞争更加激烈,只有更奋力地拼搏,才能挣到自己的一席之地。

他们吃的苦够多了,不想再让孩子吃这个苦。看看现在的孩子,小小年纪就没有星期六、星期天,背着书本去上这个班、那个班,这是没办法的事。如果现在不学习"十八般武艺",将来就会被有"十八般武艺"的人挤垮!

(3)怕孩子打扰

丁克男女多为前卫青年,不想做爸爸的理由似乎很简单:"我不想被孩子打扰。我和妻子都觉得二人世界很好,我们有很多共同的兴趣和爱好,也有各自的空间。如果有了孩子,我们就不能去旅游,不能随心所欲地做自己想做的事。说白了,我觉得孩子是个负担。"

3. 正视丁克现象的人生影响

在新人类看来生儿育女要耗费青年人很多的精力与财力,孩子这个"第三者"不仅插足于夫妻之间,分散、淡化夫妻感情,还给离婚后造成拖累。丁克家庭的选择,别人无权干涉。不过当事者只注意到眼前利益而忽视长远利益,只注意到享受而忽视了自我使命。以偏概全,舍远求近,这种心理属于不健全心理或偏执心理范围。

就人一生来说,既有童稚之趣,又有情爱之欢;既有事业之求,又有天伦之乐,从而构成了情趣盎然而又复杂多变的人生乐趣。我们除对丁克家庭给予必要理解之外,还应指出,丁克族顾其一点而不及其余的做法,不得不说是陷进了心理误区。

(1)人类发展的损失

人生在世,应该说肩负着人类繁衍和创造人生价值并行不悖的双重使命。人类不能繁衍,人才必然断档,社会就不能发展。我们不主张将人作为生育的机器,无所控制地繁衍后代,但必要的繁衍,特别是高素质的人类适度繁衍是应当提倡的。

从目前的丁克家庭来看,基本上都是高素质的人,为了眼前的事业和夫妻的生活享受而放弃良性基因的延续,对人类发展来说是一种损失。

(2)学会感受心情

人生在世,不是工作狂,也不是享乐狂,万紫千红才是春,丰富多彩才是情。人要创造，要开拓事业，要为社会奉献出自己的聪明才智，但这与家庭生活、与生儿育女并不矛盾。

同时，人作为有感情的高级动物，其感情世界是多姿多彩的，这里有夫妻间的爱情、父子（女）和母子（女）间的亲情、祖孙间的隔辈情，构成了人生的生命交响曲。在这支交响曲中，情爱之乐、亲情之乐和天伦之乐是最强劲的乐章。

（3）展望美好未来

不要因暂时的劳累和孩子的负担，而放弃未来。有的丁克家庭忧心于分娩的痛苦、尿布烦恼、青春的"荒芜"，把育婴的每一步都视为选择的失误。其实育婴艰难，只有一两年的光景，与人生的长河相比，只不过是短短的瞬间。

总之，要辩证地看待问题，首先要认清事物的本质，认真衡量自己是否适合丁克，不要给自己的人生留下许多的遗憾。

温馨小提示

产生丁克一族也有心理因素的影响，社会的发展节奏过快，心理承受的能力跟不上飞速发展的多方因素，就容易产生各种各样问题。想要走出丁克一族就要保持良好心态，做好心理调适尤为重要：

一是多做运动，摆脱心理压力，稳定情绪，乐观、冷静，有不愉快事情要说出来，以免心理疲劳。打开心扉，舒畅自己。

二是正确看待压力。由于现代社会所带来生活竞争压力和心理压力，让很多人不得不被动选择丁克。这些压力包括：住房压力，就业压力，教育费用压力，养老压力，婚姻不稳定的潜在压力。青年朋友们要正确面对压力，学会适当释放情绪，与人分享自己的心情，从而找到解决问题的最好办法。

三是以一种平和的心态去面对，使自己的心灵得以升华和超脱，用积极的心态对待。

闪婚是一种情感快餐

闪婚，顾名思义是指快速结婚的闪电式婚姻。从其形成的过程来看，闪婚指的是两人在短暂的相识后，未经过一定时间的交往和相互了解而确立婚姻关系的一种快速的婚姻形式。

闪婚是继"爱情速配"后又一种情感快餐。按媒体的描述就是："他们几秒钟可以爱上一个人，几分钟就能谈完一场恋爱，数小时内可以决定终身大事，一周便能踏上红地毯。"

闪婚的成员主要是年龄在20岁至30岁之间的青年人，但是由于两人从认识到结婚时间非常短，所以对彼此并不是很了解，于是在闪婚中出现的离婚率非常高，为此，人们选择闪婚时一定要保持冷静的头脑。

1. 了解闪婚的原因

近几年来，闪婚一族暴增，闪婚出现的最根本的原因是婚姻性质的改变，传统的婚姻是两个家庭的结合，需要互相仔细审查，要求门当户对。

闪婚只是两个人之间的结合，婚姻变得简单得多，不像以前那样复杂考虑，没有进行以前那种方方面面的考虑。

激情过去了，觉得两个人在一起不合适，也可以轻易离婚，从婚姻发展的角度上看，婚姻这个概念有一个演变的过程，传统的婚姻观多定义为责任，而现代的婚姻规则更多的是定义为感情和生理需要而非责任。

（1）迫于压力

身边朋友都已经结婚生子，就自己一个人每天拼命地工作，不知道的还以为是同性恋倾向，所以面对父母的压力和朋友的怀疑，不得不抓紧时间找一个对象赶紧结婚，以消除这些负面影响和流言蜚语以告天下。

（2）奉子成婚

未婚先孕，奉子结婚，常常激情前没有采取措施，事后又舍不得打掉，如果没有结婚就弄出一个孩子来，这是没有名分的，许多年轻人玩起这种游戏，没有办法，只好怀孕后快速结婚。

（3）目标过高

许多人不是不愿意结婚，而是没有遇到合适的，由于目标过高，所以一直等待时机，比如说，只要一位剩女遇到一个有工作、有房子，而且还能苦苦追求自己的男人，就会立刻结婚。

（4）感觉驱使

参加时尚派对，在和众多年轻的朋友的交谈中，找到一个说话投机的人，心里十分的激动，然后在交往过后，发现感觉还不错，在感觉的引领下，从相爱到结婚自然是非常简单的事情，不过这也隐藏了许多问题。

当两人组成家庭后，激情渐渐没了，生活趋于平淡，审美出现疲劳，夫妻双方的家庭责任感的多少，对配偶忠贞度的高低，对外界诱惑的抵抗力等开始凸显，万一磨合不成功，势必造成离婚的后果。所以，遇上正确的人，这是缘分，如果在闪婚中寻得一份真爱，这真是一出人生快乐喜剧。

2. 认识闪婚的弊病

闪婚现在无疑是当今快餐时代的产物，人们每天疲于奔命，为高品质生活而奋斗，却恰恰忽略了"欲速则不达"这句话，这就充分说明了闪婚的弊病。

（1）经不起检验

婚姻毕竟不是交友派对，仅仅凭着一面之缘和相互一笑的好感，就可以组成一个家庭。婚姻意味着责任，意味着相互容忍，意味着彼此有更多的缺点要一览无遗地暴露在对方的面前。

若是没有真爱作为支撑，婚后的任何一个细微的事件都有可能在不经意间迅速提前摧毁婚姻。如此婚姻就好比是一个先天性头重脚轻的畸形儿，后遗症是从娘胎里带出来的，其严重性一定程度上是与时间成正比的。

（2）责任无法履行

有相当一部分闪婚的男女，他们走进婚姻是凭着一时的冲动和激情。

试想，这样的婚姻还能有责任吗？也许"责任"二字，青年朋友们自始至终都没有想过，更不用说要在婚后履行婚姻的责任了。青年朋友们有时候是分不清婚姻和恋爱之间有什么差别的，只要认为有好感就结婚。

（3）信任危机爆发

有太多来不及了解的事情，会直接形成夫妻间的信任危机；慢工出细活，而对于婚姻和恋爱来说，又何尝不是如此呢？既然像打仗一样赶着时间抢着结婚，那么就应该事先在心里做好婚姻粗糙和不幸福的准备。

（4）双方缺少了解

青年男女两个人在一起能否幸福，最重要的一个指标并非是两人有多相爱，而是在于他们的性格到底有多少的互补和相融。所以，人们通常所说的"先恋爱，后结婚"和"试婚"也大多数是出自这样一个考虑。

总之，婚姻不是饮食，即使是因为事业无暇顾及爱情，闪婚的离婚率也是相当高的，因为闪婚违背了婚姻的基本规律，结婚之前没有充分了解，这势必会使婚姻的质量大打折扣，快餐可以暴食，但是婚姻必须冷静，所以，青年朋友在决定闪婚之前一定要慎重考虑，以免留下遗憾。

温馨小提示

亲爱的青年朋友们,选择闪婚要慎重考虑,根据自己的实际情况来衡量,下面是选择闪婚的注意事项:

一是千万不要被金钱迷失了眼睛。金钱虽重要,但没有爱只有金钱的婚姻注定是一个空壳。不要将自己的一生寄托在金钱上。

二是需要对彼此进行充分的了解。现在一见钟情的事情已经很少了,即便是一见钟情在接下来的日子里也需要相互了解。我们必须保证将来的另一半和自己有相同的爱好,有共同的话题,这一切是交往的基础。

三是结婚前需要一个交往过程。闪婚不可取,任何人在结婚之前都要经过一段必不可少的交往过程。

四是结婚了不要轻易将离婚说出口。每个人都应该明白,结婚不是过家家,离婚更不是儿戏。"离婚"两个字承载着巨大的责任,离婚不仅会对两人带来伤害,同时还会伤害到家人。如果你们有了宝宝,这更是难题。因此不管怎样,千万不要轻易将"离婚"二字说出口。

化解老年再婚的阻力

人生进入老年之后,心理上很容易产生孤独。一旦遭遇丧偶或者离异,则更是雪上加霜。老年人独居后,选择再婚对老年人有很多好处,但是再婚也会遇到子女反对、财产纠纷等诸多阻力,从而引发许多家庭矛盾。

老年人的再婚问题若处理得好，就会心情舒畅，精神面貌焕然一新，若处理不好，则会增加精神压力和思想负担，严重的会导致不愉快的事情发生，造成不好的后果。所以，老年人的再婚问题必须重视。

1．了解老年再婚的益处

老年人丧偶或者离异后，随之而来的就是精神上的痛苦，情感上的缺憾及生活上的无助。这时重新结婚会适当地解决这一系列问题。

有了一个新老伴以后，就能享受一个新家庭的欢乐。在和睦的相伴中，可以与之共同分享、追忆生活的往事，喜怒哀乐，这样可以帮助我们排除内心的烦恼、焦虑、苦闷、忧郁，使内在的情感与外界的刺激达到平衡。

对于再婚老年人来说，有人陪伴度日可以消除孤独。白天做些两个人都感兴趣又对社会有益的事。晚上一起听音乐、看电视；夜深人静时互相体贴、安慰。在生病时有人照顾，同时又给生活带来了乐趣。

（1）有利于摆脱悲伤

无论是离异还是丧偶，悲伤是难免的，尤其对老年人来说，搞不好会影响身体健康，而再婚，就会帮助其摆脱烦恼和忧伤。

（2）有利于身体健康

孤寡老年人单独生活，特别是对于患有高血压、心脑血管的病人而言就更不安全了。再婚老年人可以相互照顾、互相监护。

（3）有利于经济节约

老年人再婚后双方可以把其中的一套住房租出去，同时也节约了水、电、热以及其他一些开销，从经济上来讲是十分划算的。

（4）有利于隔代抚养

两个老年人在一起不仅能相互照顾，而且更有利于看护孙子、孙女、为家庭继续发挥余热。

(5) 有利于减轻子女的负担

多数独身老年人的子女已建立了小家庭,他们忙于自己的工作,忙于家庭生活,担心对老年人照顾不到,如老年人再婚的要求和愿望得到满足,就可以减轻一部分子女挂念老年人的负担。

(6) 有利于社会和国家

老年人家庭生活解决好了,国家的负担自然也会减轻,比如说一些对经济困难老年人的救助等,对社会的发展十分有利。

有不少老年人在谈到新婚的动机和目的时,这样说:"太寂寞了,要有个伴儿","帮助料理家务"。总之,老年人再婚是想找个伴,不仅在生活上互相照顾、互相扶持,而且更重要的是在精神上互相沟通、互相慰藉,以达到心理上的平衡和精神上的放松。

随着社会的发展,物质生活和精神生活水平都提高了。人们不仅希望活得长久,而且要活得充实,富有情趣。所以,再婚对于老年人来说是非常有益的,它能使人充分地享受人生最后阶段的快乐,愉快地度过幸福的晚年。

2. 认识再婚面临的阻力

老年人再婚对自己、对家庭、对社会都有好处,但再婚有很多阻力。这些阻力有的来自老年人自身,有的来自子女。

(1) 老年人的观念

传统的观念把老年人再婚,看成是不光彩的事。老年人本身受这些观念的影响也往往给自己泼凉水,怕再婚会引起别人的耻笑。

同时,老年人对再婚还有许多其他畏惧:怕婚后不和,引人讥笑,自己不安,找了麻烦;怕人议论,有损自己的尊严,有损孩子的面子;怕处理不好双方子女关系,引起家庭不和;怕对原配不忠,旧情难忘;怕自己子女不满,伤害儿女的感情，失去亲情；怕再次遭受丧偶的打击，增加自己的悲哀和烦恼；怕引起经济纠纷，影响生活的宁静；怕生活习惯不同，难以相处……

（2）子女的反对

有许多老年人再婚遭到子女的反对，好不容易谈妥了的婚事，就因为子女关过不了而被迫解除。子女反对老年人再婚一般有几种理由：如遗产问题；怕让人说是因为晚辈对长辈不孝，长辈才出此下策；会愧对已故的亲人；不愿照顾护理后母、继父等。

其中，因经济原因反对的占绝大多数。有积蓄的老年人再婚，受到子女干涉阻止的，比积蓄不多的老年人再婚要严重得多。无经济来源的老年人再婚，遭到子女的反对干涉就少些。

甚至老年人再婚后，子女仍耿耿于怀，横竖看不顺眼，认为丢了自己的面子，当再婚老年人感情中出现问题时则推波助澜，或从中挑拨离间，致使老年鸳鸯各飞东西。有的还因老年人赡养问题发生矛盾。

3．把握化解阻力的方法

老年人自愿再婚，对社会、家庭和个人身心健康都是有益的，社会制度也给中老年人再婚创造了条件。但老年人再婚确实存在一些阻力。

这些阻力有自身的原因，有社会舆论的压力，还有来自子女的干涉、阻挠和破坏。对待这些阻力，我们老年人既不可畏惧不前，也不可草率处理，认真耐心对待才是我们老年人取得再婚幸福的关键。

（1）冲破思想的牢笼

老年人从小受到的教育和熏陶，难免带有传统思想的烙印。丧偶或离异后，由于生活、精神和感情上的需要，不少老年人想再婚，但由于不敢冲破这些思想的牢笼，只能停留在想的阶段，既不敢说出口，又不敢去行动。

因此，单身老年人要想获得幸福的晚年，就要充分认识到现代社会的开放性，跟上时代的步伐，为了获得再婚幸福，勇敢地迈出第一步。

（2）勇敢面对舆论

再婚既有老年人自己内心阻力，也有来自社会的非议，所以再婚老年人还要敢于抵制社会上封建习俗舆论的压力。

过去，人们受传统思想束缚，对鳏夫再娶、寡妇改嫁评头论足，或成为街谈巷议之话题，或成为茶余饭后之笑料，多加讥讽。时至今日，这些思想在很多人的心里还存在。也正是这些思想的广泛存在，使那些想再婚的老年人望而生畏，只好却步，其像一张无形之网，束缚了老年人的行为。

现代行为科学证明，求偶结婚绝非是青年人的"专利"，也是老年人生活中的最大愿望之一。所以，老年人要自觉抵制传统习俗的舆论压力，从中解放出来，勇敢地主宰自己的命运，追求美满的晚年生活。

（3）先与子女通气

再婚前，及时征求子女的意见和建议，对其晓以利弊，言之以理，动之以情，使他们有思想和精神准备，对暂时想不通的子女，也有做工作的时间。如果事前不先向子女打招呼，既成事实后再告知，往往陷于被动局面。

（4）尊重子女的感情

在我国这个家庭氛围非常重的国家，取得子女理解和谅解，是老年人再婚后获得幸福的关键，故要耐心处理好来自子女方面的阻力和干涉。这首先要求老年人要尊重子女的感情。

人是有感情的，父母同子女的感情又不同于一般的友情，当失去父爱或母爱时，他们心灵上所受的创伤是很深的，需要一段时间的淡化。

如果丧偶后在短时间内另寻伴侣，让一个陌生人来取代子女心目中父亲或母亲的位置，子女在感情上是不容易接受的。因此，丧偶后根据家庭的情况，过几年再娶或再嫁比较好，切不可操之过急。

（5）慎重处理财产

老年人再婚前，如果不将财产分割一下，子女们在感情上可能过不去，而且可能会给以后留有麻烦。一方面，先人生前留下的一些有纪念意义的东西，到了另一个家庭，就完全失去了原有的价值；另一方面，子女提出分割财产的要求，也有其合理的成分。

处理财产时，可由老年人主持，在不影响老年人再婚后生活水平的前提下，将老伴的遗产分割一下，尤其是子女们认为有纪念意义的物品，让他们拿走，这样对子女在感情上是一种心理安慰。

有些不便于分割的财产，如房产或比较贵重的家具、家电等，分割后会给老年人生活带来困难，可把实际情况向子女解释清楚，也可立下书面协议，商定哪些财产将来归谁所有。这样，可以使子女放心，老年人再婚阻力也就小了。当然，对极少数蛮不讲理，强分财产，非法侵犯老年人再婚合法权益的子女，可请亲朋、邻居帮助调停，如不奏效，可诉诸法律。

总之，老年人对来自各方面的阻力，要做具体分析，根据不同情况对待，实事求是，合理解决。既不屈从子女的压力，放弃自己的合法权益；又不草率行事。

温馨小提示

面对子女对再婚的坚决反对，老年人也不用过分担心。老年人再婚合理合法，是受法律保护的。

《中华人民共和国老年人权益保障法》中明确规定："老年人的婚姻自由受法律保护，子女或者其他亲属不得干涉老年人离婚、再婚及婚后的生活。赡养人的赡养义务不因老年人的婚姻关系变化而消除。"

在一些地方法规中或者保护条例中也明确指出:"老年人的婚姻自由权不容侵犯。任何人不得干涉老年人结婚、离婚,不得干涉丧偶或者离婚老年人再婚,也不得干涉老年人再婚后的家庭生活。"

因此,子女反对老年人再婚是错误的、违法的。在这个问题上,老年人要理直气壮地对子女开展工作,不能屈从于子女的压力,违心地放弃自己的合法权益。

消除再婚的心理障碍

再婚就是再次结婚,是离婚夫妇或者丧偶夫妇重新组成家庭的过程。由于经历过心灵创伤和传统道德观念以及生活习惯的影响,他们仍存在着不少心理障碍,导致感情隔阂,使婚姻不美满。

因此,婚姻心理学研究认为,重新穿上结婚礼服的人,特别是对一向谨慎小心的女性来说,必须防范再婚中可能产生的心理障碍,以获得幸福美满的婚姻。

1. 了解再婚心理障碍的原因

有关统计资料显示,再婚家庭的离婚率比初婚家庭要高很多,其原因是多方面的,总的来说,这都与他们再婚的心理障碍有关,这些障碍主要是以下原因造成的:

(1)过度比较

再婚夫妻最容易犯的一个毛病,便是用原配偶的优点与现配偶的缺点相比较,事事挑剔,处处不满。这就会伤害对方的感情,也使自己对重建的家庭失望,导致婚姻再度破裂。

（2）喜欢怀旧

怀旧多见于原夫妻感情深厚，一方因病或意外事件而亡故的再婚者。这类再婚女性在再婚后时常流露出对前婚配偶的怀念之情，而这种怀旧心理最易引起再婚中对方的痛苦。所以，再婚者在再婚后必须从感情上面对现实，以增强防范怀旧心理。

（3）好嫉妒

许多再婚者常嫉妒或计较对方的前婚生活，不时地揭其隐私、捅伤疤，亵渎对方人格，挫伤对方自尊心，日久必将影响双方的感情。因此，再婚夫妻必须防范嫉妒心理，珍惜对方的感情，抚慰对方饱受创伤的心灵，才能使两颗心紧紧地结合在一起。

（4）盲目报复

不少被动离婚者，对前配偶心怀怨恨，在重新选择对象时只要求外貌或某些方面超过前配偶，达到报复的目的。由于这种选择带有盲目性，没有感情基础，非但不能使自己的心理得到平衡，而且使再婚后家庭基础不稳固。

因此，这类女性必须反思一下自己，重新评价一下自己在过去家庭中的表现，找出前婚的误区，并不断地完善充实自己，这才有助于在新组合的家庭中当好称职的角色，从而提高现在婚姻的质量。

（5）兴趣习惯不合

一般说来，女性在第一次婚姻中可能已经形成了各自的兴趣、爱好和生活习惯，再婚后相互之间一时不能适应。如果互相不去了解和熟悉对方的兴趣习惯，很可能导致生活的不和谐，引起双方的不满。

所以，再婚夫妻应当主动适应对方，寻找一个能照顾到双方习惯的折中解决办法。

（6）子女问题

初婚家庭的子女用血缘这条固有纽带，把父母捆在一起，而再婚家庭的子女因无血缘关系，容易滋生矛盾而起离间作用，易使各自父母产生自私心理偏袒自己的子女。

其实，血缘不能完全超越后天的感情，关键是再婚后双方要以高尚的道德情操、大度博爱的胸怀，处理好与继子女的关系。如果视对方的孩子如自己的亲生儿女，甚至更胜一筹，那就可以大大缩短再婚夫妻的心理距离。

（7）戒备心理

再婚夫妻双方都有一些过去家庭中的财物，鉴于前次婚姻的破裂，常会产生戒备心理，实行经济封锁、分心眼、留后手、闹独立，这会使现实家庭名存实亡。其实，既然重建了家庭，就应该毫无保留地共同使用一切财物，这样才能使夫妻感情更加亲密。

2．消除再婚心理障碍的方法

再婚后出现一些心理障碍，引起不少心理冲突，这是正常现象。再婚女性不必为此背上沉重的包袱，而应以积极的心态去寻求各种心理调适方法，尽可能地减轻乃至消除再婚后的各种心理障碍，主要从以下几方面入手：

（1）要有磨合的心理准备

中年女性再婚的选择概率是有限的，虽说不排除与初婚者结合，但绝大多数是与失偶或丧偶者结合，而且这些失偶或丧偶者还面临着未婚女性的可选择机会。这样，离异中年女性的选择概率就相应地降低了。

面对这种现实，女性在择偶时应减少像姑娘那样的感性介入，而应多从理性思考入手。年龄差距、经济条件、职业职务都不应作为首选的目标，要着重考察磨合的基础。

再婚的双方一般都有过失败的感情经历，在心理上留有不同程度的烙痕，而一个人在长期的生活方式的影响下，一些厌恶或回避的事情，也会留下敏感的投影。这样在第一次婚姻中形成的生活习惯、心理积淀，再婚后相互间一时不能适应，因此再婚双方应具有足够的宽容精神，彼此磨合，互相协调，培养新的习惯。

其实，磨合的过程就是夫妻间心理和感情的互动过程。古人说："敬人者，人恒敬之。"这就是人际关系互动的真谛。周恩来夫妇曾提出处理夫妻关系的"八互"原则："互相尊敬、互相爱慕、互相信任、互相帮助、互相安慰、互相勉励、互相谦让、互相体谅。"

再婚夫妻属于"半路夫妻老来伴"，做到这"八互"更为重要。可以说，这"八互"做到了，夫妻的感情和生活习惯的磨合就不在话下。

（2）不要怀有报复的心理

失偶或丧偶的再婚夫妻，每当发生口角或争吵时，常常流露出对前婚配偶的怀念情绪，将原配偶的优点与现配偶的缺点相比，觉得自己走错了路，悔之不迭。这不仅给自己平添许多苦痛，而且还会危及再婚夫妻的感情。

其实，对失去的自己钟情的配偶的怀念是抹不去的，但在再婚之后，就应面对现实，不要因新配偶的不足而苦恼、悲伤，而挑剔、怨尤。一般地说，再婚夫妻的双方，谁也别想改变谁，聪明的办法是接纳、宽容、适应和靠拢，重建新的恩恩爱爱的夫妻关系。

还有的欲再婚者在选择对象时，在外貌、职业、职务等方面以超过前配偶为起点，目的是向前配偶示威，报复对方，以期达到心理的平衡。这是很危险的，出于这种报复目的，在择偶时有可能顾此失彼，"捡了芝麻，丢了西瓜",给夫妻感情带来更大的危机。

(3) 树立坦诚的无私心理

再婚家庭往往涉及继子女的问题。俗话说："有后妈就有后爹。"这说明丈夫与继子女容易相处，妻子与继子女却很难相处。虽然其责任不全在妻子一方，但是，如果继父母能够理解继子女的心理，并以高尚的道德情操、博爱的襟怀，秉公无私地端平"一碗水"，是完全可以用感情的热力融化家庭的冰霜的。

就继子女的心理来看，他们对亲生的父亲或母亲，怀有一种亲情，而对继父或继母总有一种疏离感，需要一个熟悉、了解的过程。而在这个过程中，继父或继母的一方，应采取积极主动的态度，以最大的努力来给予继子女如同亲生父母般的爱，这就会使他们淡化或消除戒备心理。

如若处理不好，不仅继父母或继子女间的关系逐渐冰点化，还会拉大夫妻间的感情距离。反之，如果把继子女视若己出，甚至更胜一筹，在这种坦诚无私的家庭气氛中，即使有不和谐的音符也会被感化为动听的乐曲的。

温馨小提示

虽然再婚不可避免地会遇到各种各样的问题和矛盾，但只要能够以爱情为基础建立新的婚姻关系，并切实按照以下的细节来协调与新配偶的关系，就能重返爱情的伊甸园，使再婚的酒更甜：

一是对于重新组织家庭要实际一些，不要太理想化。对于女人而言，再婚以后，无非是希望从家庭中得到爱和关怀。但是，相爱和相处是两码事。所以，再婚前不要带着一种神话心态，对婚姻有不切实际的期望。要明白，适应婚姻生活不容易，若是再婚，挑战就更大。

二是再婚前，最好有充分的思想准备，详细了解对方的情况，对即将面临的问题，做到心中有数。权衡一下，看看自己是否经受得起，承受得了。必要时，可在婚前与对方商讨一下解决问题的办法，提些双方都可接受、合情合理的条件。

一旦迈出了再婚这一步，只要做到心中有数、有准备，即使遇到了麻烦，也不会措手不及、后悔不迭，而能够从容应付，坦然处之。

不做抱怨的女人

怨妇是指对社会和家庭婚姻心存不满，怀有怨恨，整天板着脸色给人看，牢骚满腹喋喋不休，却很少从自己身上找原因的女人。步入中年的女性，承受着家庭和工作的双重压力，心理和生理都会发生很大的变化，常常会感到身心疲惫，焦虑困惑，久而久之很容易成为怨妇。

女性一味地抱怨不仅会影响家庭的和谐，也会危及家人和自己的健康，为此女性一定要学会调节自己的心情，丰富自己的生活，扩大自己的社交范围，当你的生活变得充实的时候，你就不会成为怨妇了。

减少抱怨的方法

婚后女性容易失去自我，把所有精力、心思都放在家庭、丈夫和孩子身上，并且喜欢通过丈夫来实现自己的愿望。

正是所谓的"男人是通过事业达成自己的愿望，但女人通过男人来实现自己的愿望"。其实这样一个没有根基的愿望本身就很难如愿以偿，委屈、失落、痛苦、抱怨也自然会由此而生。

那么，怎么做才能调整自己的境遇呢？建议女性应该从以下几个方面审视自己、完善自我：

（1）自尊自信，自立自强

自尊就是自己尊重自己，研究证明，具有人格魅力的女性，都是懂得自尊的。自信是常与个人自身的能力联系在一起，有了能力，自信才是"有源之水，有本之木"。

自立是女性拥有了自尊和自信并付诸行动而产生的物质力量。

自强就是拥有自己的专长，有较强竞争意识。为此，女性要想改变自己的怨妇心理，必须先学会"自尊自信自立自强"。

（2）拥有一颗宽容的心

要知道每个人都是一个独立的个体，有自己的思想，有自己的隐私。宽容的心态就是不去动那些属于别人的东西，允许那些属于别人的东西永远安全地停留在它们想停留的地方。

这种宽容不是迁就，而是一种经营婚姻的智慧，这种智慧会给他人一个安静的世界，也会给自己一个轻松的心情。一个善于体谅他人、平心静气的女性是宽容大度、有涵养的人。为此，女性应该具有一颗宽容的心，那样怨妇心理便不会存在了。

（3）要学会换位思考

一味抱怨不但不能解决问题反而会使矛盾更激化，会让彼此受到伤害，造成两败俱伤。如果女性学着换位思考就会多一分理解，会体谅对方的难处，理解对方的心情，建立在理解的基础之上，怨气也就会烟消云散了。

（4）调整心情控制情绪

人生并不是一帆风顺的，每个人都会遇到不顺心的事，所以女性要学会运用各种方式，如旅游、运动、逛街、购物、看电影、听音乐、唱歌、摄影、练书法、写作、向朋友倾诉等方法，排解心中的不快，调整好心情，控制好情绪。

（5）运用幽默的说话方式

生活需要幽默和欢笑，幽默不仅体现在语言的轻松和谐及形式的滑稽可笑上，更是体现我们应该拥有一种心态、一种情怀。为此，喜欢抱怨的女性应该学会尽量把抱怨责备的言辞变为对方更容易接受的幽默的语言，以幽默点缀生活，用幽默来保护和营造自己的婚姻生活。

（6）拥有自己的空间

婚后的女人的快乐不应仅局限在家庭、丈夫和孩子之间。作为现代女性，要有自己的事业和追求。工作才是美丽的，当女人工作的时候，会感觉到自己可以创造价值，可以被社会需要，可以自己实现自己的梦想。只有这样，女人才会有独立的人格和自信。

除此之外，女人还要有自己的心灵空间和世界，有自己的朋友和爱好，这样，即使男人这个世界坍塌了，不至于自己的整个天空都黯淡了。有自己的空间和世界其实就是给自己一个很重要的自救的能力。

（7）追求自己的理想和梦想

有很多女人，结婚之后会有很多梦想，但这些梦想都是强加在丈夫身上的，于是为了自己的梦想完全牺牲自己，失去自我去成就丈夫。有时还会对丈夫提出过分的要求和不切实际的希望，无形中给丈夫施加了压力，不仅会令自己的丈夫反感，还会使自己对丈夫产生怨恨。

有梦想是好事，但是要自己靠努力来实现，这样在追求梦想的过程中才会体会到其中的酸甜苦辣。

家庭中的女性要知道，自己无穷的抱怨，不仅会吞噬自己的生命之光，更会吞灭爱情的鲜花和温馨的婚姻生活，所以，我们应该有一份"生活多滋味，咸淡两由之"的潇洒，带着美好的心情从内至外不断完善自我，尽显自我风采，才能使自己平凡的日子精彩生动。

温馨小提示

为了使自己在婚姻生活中保持快乐，建议你要做到以下几点：

一是相互沟通。沟通是维系婚姻幸福的一个关键要素。有什么话不要憋在肚子里，多同家里人交流，也让家里人多了解自己，这样可以避免许多无谓的误会和矛盾。

二是相互信任。家庭成员之间要相互信任，很多原本幸福的婚姻就毁于怀疑和猜忌。所以，要对自己的爱人保持信任，不要让猜疑毁了自己的幸福。

三是保持冷静。在家里，遇到事情要冷静对待，尤其是遇到问题和矛盾时，要保持理智，不可冲动，冲动不仅不能解决问题，反而会使问题变得更糟，最后受损失的还是整个家庭。

只有用快乐的心情才能构建起幸福的婚姻。所以，当你每天回家进家门之前，请把在外面的烦恼通通抛掉，带一张笑脸回家。如果你和你的爱人都能这样做，那么你们的婚姻一定幸福美满。

以科学的理念指导生活

科学生活就是要以科学的理念和方法指导生活，体现健身、和谐、营养的健康生活方式。科学生活的主要内容是指和谐的生活和合理的营养，这是我们保持身心健康的最基本的要求，在生活中，我们如果不能保持良好的心态，缺少必要的营养，就很难享受美好的生活。

那么，在紧张的生活节奏中，我们应该怎样科学地进行生活呢？

1. 了解科学生活的要素

（1）健身

健身是指家庭成员每天进行30分钟的体育锻炼，包括5分钟的热身活动，如慢跑、牵引练习等；20分钟基本运动练习，如跑步、打球、健美操、跳绳、散步等；5分钟的整理活动，主要是一些牵拉和放松活动。在进行活动时，要注意运动量由小逐步增大，一般每周3～5次，运动形式经常变换，以提高运动兴趣，改善人体机能，对强身健体大有裨益。

（2）和谐

这里的和谐是指心理的放松。快节奏、高强度的工作极易导致各种疾病。因此，必须保持轻松的家庭环境，以便经过一天的紧张工作和学习，回到家后，能从体力上乃至心理上彻底得到休息。和谐的生活方式包括家庭成员定期聚会与交流、外出郊游、野餐、共同做家务、组织家庭游戏、压缩看电视时间、保证足够的睡眠等。通过这种家庭成员间的亲密交流，可解除一天工作、学习的疲劳和烦恼，使心情调整到最佳状态。

（3）营养

这里是指合理的营养。合理营养的原则为适宜的碳水化合物、中等量的蛋白质、低脂肪。具体饮食时注意多吃鸡、鱼、豆制品、奶等动植物蛋白质食物，少吃油炸的高脂肪食物；多吃新鲜水果和蔬菜，少吃加工类食品；多吃富有纤维素的食物，少吃高盐类食品等。做到既有丰富的营养摄入，又有科学的营养结构，保证身体对营养的全面需求的平衡吸收。

2. 把握科学生活的方法

科学的方法是人们保持身心健康，追求高品质生活的不可缺少的条件，要想达到这个标准，人们必须从以下方面做出不懈的努力：

（1）合理膳食

合理膳食就是科学合理地搭配自己的膳食，具体应做到"一、二、三、四、五，红、黄、绿、白、黑"。

"一"是每天喝1袋奶。

"二"是摄入碳水化合物250～350克，相当于主食6～8两。

"三"指3份高蛋白。每份指瘦肉50克或鸡蛋1个，鸡鸭肉100克，鱼虾100克。

"四"指四句话"有粗有细，不甜不咸，三四五顿，七八分饱"。

"五"指每日500克新鲜蔬菜及水果，具体配制是400克蔬菜、100克水果。

"红"指葡萄酒，每日以50～100毫升为宜。

"黄"指黄色蔬菜，如胡萝卜、西红柿、南瓜、红薯等。

"绿"指绿茶及深绿色蔬菜，预防医科院的专家经研究发现，绿茶有明显的抗癌作用，而蔬菜颜色越深，所含人体需要的各种维生素就越多。

"白"指燕麦片粥，可降低胆固醇和甘油三酯含量。

"黑"指黑木耳，它对调节血液黏稠度有很大好处。

（2）适量运动

什么运动最好？走路。走路是世界上最好的运动。科学家证实，动脉硬化是可逆的过程，它可从轻至重，也可由重至轻。走路就是使动脉硬化从硬到软化的一个有效的方法。步行锻炼，对调理血压、胆固醇、体重效果都很好。怎么步行最好呢？三个字："三、五、七。"

"三"是每日走3公里运动30分钟以上。

"五"是一个星期最少运动5次。

"七"是运动的量达到中等量,即心跳+年龄=170。比如50岁的人运动心跳为120次/分,70岁的人运动时心跳为100次/分为宜。此外,太极拳也是一项很好的运动。

（3）戒烟戒酒

烟,不吸,如要吸,一天不超过5支。

酒,不喝,如要喝,一天最多不超过2两。

（4）心理平衡

人只要心理平衡,就掌握了健康的金钥匙。情绪这东西确实挺厉害,往往能造成许多疾病和意外。一个人能心理平衡,生理就平衡,什么病都不得,得了病也好得快。那么,怎么保持稳定的心态呢？

三个正确：正确对待自己,正确对待他人,正确对待社会。

三个快乐：一心助人为乐,事事知足为乐,常常自得其乐。

三颗心：即事业上有颗进取心,生活中有颗平常心,奉献社会有颗爱心。

健康对于我们每个人来说,是最宝贵的。要健康,最好的医生是自己,最好的药物是时间,最好的心情是宁静,最好的运动是步行。

温馨小提示

保持科学生活,不仅有利于身心健康,而且还有以下好处：

（1）有利性

科学的生活有益于自己、他人和全社会,如不抽烟、不酗酒等。

（2）规律性

科学的生活有恒常的规律，如定时、定量进餐等。

（3）和谐性

个体的行为表现有自己的鲜明个性，如选择运动项目，根据整体环境随时调整自身行为等。

（4）一致性

科学的生活本身具有外显性，但它与内心的心理情绪是一致的，没有冲突或表里不一的表现。

（5）适宜性

科学的生活有理性控制，无明显冲动表现；并且该强度是对健康有利的。

生活的本质就是"过日子"

生活的本质就是"过日子"。无论快乐与悲伤，无论甜蜜与痛苦，日子总是一天天地过，直至我们走到生命的尽头。实际上，我们每天需要思考的都是如何过好自己的每一个"日子"，无论想不想面对，我们都无法否认这一点。

那么，我们如何才能过好自己的日子呢？

1. 拥有正确的生活态度

人一落地，从第一声喊叫开始，就为过日子忙着，可以毫不夸张地说，不论是日理万机还是日落西山，都要过日子，直到你离开了这个世界，你的日子终结了，过日子才算了结。

日子不过行吗？不过得像样点，过得舒服点行吗？人出生在这个地球上，别人的日子过得好风光，还带点潇洒气，你总不能光看着别人风光吧，自己得琢磨过日子。过日子，不仅是吃穿住行，还要生儿育女、传宗接代，留点香火什么的，这日子才算圆满。

人一生下来就过上吸奶日子，断奶了就过吃饭日子；上学了就过读书日子；书读完了就过单身的日子。未成家的日子，是父母帮你过日子，不是自己过日子。那种"饭来张口，衣来伸手"的日子，无忧无虑、稀里糊涂地就过了一天的日子，感觉不到日子的存在，也觉察不到日子的充实。

要过独立的日子，首先要成家立业或立业成家，不管立业还是成家，关键的是腰包里要有票子。有了立业才有票子来源，就得拼了命地找份工作，哪怕是下苦力的活儿也得硬着头皮去干。

一旦从票子困境中跳出来，期盼好日子的想法又在胸中燃烧。人仰望幸福，获取幸福，享受幸福，好日子和幸福是伙伴关系，随时牵手而行。

过日子，不一定追求圆满，关键在于有个性、有质量。有票子不一定日子好过，有房子不一定日子舒服，有孩子不一定日子充实，有妻子不一定日子温暖，有车子不一定日子潇洒。有时候有了票子，还会招惹日子的祸。身上有几文钱，头脑就开始发烧，心就开始躁动，想入非非。这样的日子久了，钱袋子空了，日子就难过了。过日子要省着点花销，不需"真理标准"地讨论，这是明摆着的理儿。

过日子不要太理想化，不要太奢侈了，假如一时实现不了你心中的那个日子，脑子就会长出一些意想不到的点子来，反而会干扰你过日子。人奋斗一辈子，就是挣得个快乐的日子，就是实现了生命的最大价值。所以，过日子不一定要那么精细，那么讲究，那么完美，什么都想要。日子过得糊涂点，简单粗糙些，容易获得满足，容易感受到幸福。日子过得太清醒了，看得太真切了，容易较真，容易烦恼，容易烦心。

其实，每个人都在追逐好日子，每个人都有好日子过，只是你自己没有用心去感受罢了。

2. 追求幸福生活的方法

平常"过日子"，人们孜孜以求的其实就是"幸福"二字，幸福并不是有车有房，金钱万贯，幸福也与年龄、性别和家庭背景无关，幸福是来自于一份轻松心情和健康生活的态度。研究表明，人们获得幸福的秘诀有：

（1）不抱怨生活

幸福的人并不比其他人拥有更多的幸福，而是因为他们对待生活和困难的态度不同，他们从不问"为什么"，而是问"为的是什么"，他们不会在"生活为什么对我如此不公平"的问题上做过长时间的纠缠，而是努力去想解决问题的方法。

（2）不贪图安逸

幸福的人总是离开让自己感到安逸的生活环境，幸福有时是离开了安逸生活才会积累出的感觉，从来不求改变的人自然缺乏丰富的生活经验，也就难感受到幸福。

（3）感受友情

广交朋友并不一定带来幸福感，而一段深厚的友谊才能让你感到幸福，友谊所衍生的归属感和团结精神让人感到被信任和充实，幸福的人几乎都拥有团结人的天赋。

（4）勤奋工作

专注于某一项活动能够刺激人体内特有的一种荷尔蒙的分泌，它能让人处于一种愉悦的状态。研究者发现，工作能发掘人的潜能，让人感到被需要和责任，这给人以充实感。

（5）降低负面影响

少接受些负面消息，这样无形中就保持了对世界的美好乐观态度。

（6）生活的理想

幸福的人总是不断地为自己树立一些目标，通常我们会重视短期目标而轻视长期目标，而长期目标的实现更能给我们带来幸福感，你可以把你的目标写下来，让自己清楚地知道为什么而活。

（7）给自己动力

通常人们只有通过快乐和有趣的事情才能够拥有轻松的心情，但是幸福的人能从恐惧和愤怒中获得动力，他们不会因困难而感到沮丧。

（8）有规律地生活

幸福的人从不把生活弄得一团糟，至少在思想上是条理清晰的，这有助于保持轻松的生活态度，他们会将一切收拾得有条不紊，整齐而有序的生活让人感到自信，也更容易感到满足和快乐。

（9）珍惜时间

幸福的人很少体会到被时间牵着鼻子走的感觉。

（10）心怀感激

抱怨的人把精力全集中在对生活的不满之处，而幸福的人把注意力集中在能令他们开心的事情上，所以，他们更多地感受到生命中美好的一面，因为对生活的这份感激，所以他们才感到幸福。

温馨小提示

"过日子"表面上看是柴米油盐酱醋茶，其实里面也蕴藏着深奥的道理，它需要你不断地去体会和感悟：

如果你一直单身，"过日子"就是不断学习，不断充实自己，完善自己，寻找机会，等待机会，抓住机会。

如果你正处于人生的辉煌时期，"过日子"就是享受生活，与人为善，用自己拥有的阳光去温暖别人，照亮别人，让自己获得前所未有的价值感和成就感。

如果你正处于人生的低谷，无论你是怨天尤人、痛苦不堪，还是感觉心已伤痕累累失去了知觉，"日子"还是会用无比的宽容和耐性等待着你的复活和痊愈，等待你再一次鼓足勇气扬起生活的风帆。无论这个过程需要多长时间，"日子"总会无声地、静静地陪伴在你的身旁，聆听你尽情地倾诉或哭泣，它绝不会嘲笑你的软弱，它会用智者的心与你相携走过人生的一段又一段旅程。

善于消除病态的洁癖问题

洁癖就是太爱干净。一个人爱干净是好事，但过于注重清洁以至于影响了正常的学习、工作和生活，就属于洁癖。洁癖有轻重之分。较轻的洁癖仅仅是一种不良习惯，较严重的洁癖则属于心理疾病，是强迫症的一种。

一般说来，女性相对男性而言更容易患强迫洁癖心理，有这种心理的女性表现为：主观上感到有某种不可抗拒的、强迫无奈的观念、情绪、意向或行为的存在，她们能够意识到这些都是不应该出现或毫无意义的，但是又从内心涌现出强烈的焦虑和恐惧，非要采取某些行为来安慰自己。为此，女性应该正确对待这类心理疾病。

1. 认识病态洁癖的发病原因

洁癖心理很大部分原因来自遗传，患有这类心理的女性中有七成具有强迫性人格，这是洁癖的内在心理基础，另外还有一些心理、性格等因素。

（1）心理因素

据研究，大部分患病女性能指出在自己的洁癖症状加剧前所发生的突发事件。如家庭的搬迁、亲人的亡故、父母或自己的离异、夫妻生活不协调等，由于上述原因引起的心理紧张、情绪波动都可成为诱发强迫症的原因。

（2）性格因素

患病女性的性格特点在疾病的发生中也起着重要的作用。据研究，大部分患者都有特殊的性格特征：青年患者大多数非常爱干净、爱整洁，他们办事认真、严肃；成人患者一般时间观念较强，遵守纪律和制度，生活习惯较刻板，遇事过于谨慎、优柔寡断，不少人还很迷信。这种性格的人在巨大的压力下还容易引发神经症。

（3）社会因素

有一些女性是在外界的不良刺激下诱发洁癖，包括长期的精神紧张，如工作和生活环境的变换加重了责任，工作过分紧张，要求过分严格，或者处境不顺利，常担心发生意外等；此外，还有严重的精神创伤，如近亲死亡、突然惊吓、严重的意外事故、濒于灾难性的破产等。

（4）家庭教育

家庭教育对诱发或加重女性洁癖有着重要作用。有些患病女性的父母具有强迫性人格，对她们有潜移默化的影响，女性所受的家庭教育较严格、古板，甚至有些冷酷，于是她们谨小慎微、优柔寡断、过分琐碎细致，与人交往中过分古板、固执，缺乏人情味及灵活性。

在生活上，她们也过分强求有规律的作息制度和卫生习惯，一切务求井井有条，稍一改变就焦虑不安。有的家长对孩子的卫生要求过高过严，逼着孩子反复洗手。这种强烈的暗示作用，对那些具有神经质倾向、敏感内向的孩子影响更大。

2. 掌握病态洁癖的心理疗法

女性病态洁癖心理多以心理治疗为主，辅以药物治疗，具体可采用：

（1）认知疗法

认知疗法的关键在于教育纠正，主要从以下几个方面出发：

第一，找出女性洁癖的原因，用科学知识消除误解。

第二，让具有洁癖心理的女性改变思维方式。

（2）领悟疗法

一般而言，具有洁癖心理的女性对自己的强迫洁癖尤其是强迫动作，一方面，感到麻烦，希望被人解除其理性上认为不合理的观念和行为；另一方面，内心又认为这些观念和行为有其合理性和必要性。

前者的病态表现，认为反复洗手、洗衣，费时费力，希望摆脱，后者的病态则认为，有染上病的可能，有必要多洗几次。

其实，这种态度与其实际年龄及所受的教育很不相称。前者代表理性的成年人，后者不讲逻辑，一味盲目恐惧，具有幼稚的儿童心理特点。

患病女性对这个病理本质特点并无自知之明。为此，若采用谈话方式的认知领悟心理疗法，启发患病女性认识外表症状后面的心理矛盾，揭露儿童心理部分的幼稚性，鼓励她用成人的态度来统率其整个行动，放弃儿童的行为模式，领悟到病理本质后是可以治愈的。

温馨小提示

对于有洁癖心理的女性来说，除了可以通过前文的心理疗法治疗这种心理疾病，还可以用以下两种方法进行治疗。

1. 厌恶疗法

具体做法是经常用橡皮圈戴在自己的手腕上，一旦自己即将出现过度洁癖动作或行为时，便用橡皮圈弹自己的手腕数十乃至数百下，一直弹到这种想法消失、有疼痛感为止，从而达到抑制洁癖行为的目的。

2. 满灌疗法

选择适当的时间，独自坐于房间内，全身放松，轻闭双眼，然后请你的好友或亲属当助手，悄悄在你的手上涂各种液体，如清水、墨水、米汤、油、染料等。在涂时，你尽量放松，而助手则尽力用言语形容手已很脏了，但你仍要尽量忍耐，直至不能忍耐时睁开眼睛，看看到底有多脏为止。

助手在涂液体时应随机使用透明液体和不透明液体，随机使用清水和其他液体。这样，当你一睁开眼时，会出现手并不脏，起码没有想象的那么脏的印象，这对自己思想是一个冲击，说明"脏"往往更多来自意念，与实际情况并不相符。

当你发现手确实很脏时，洗手的冲动会大大增强，这时候，助手一定要禁止你洗手，这是治疗的关键。于是，你会感到无比的痛苦，但要努力坚持住，助手在一旁应积极给予鼓励。

这个方法，每天在你空闲的时候做一次，时间为一个小时，当你渐渐适应自己的心理时，你的洁癖毛病也就随之消失了。

要有正确的家庭消费观

随着社会的发展、科技的进步，人们的生活水平不断提高。我们的家庭也会在全球化浪潮中接受丰富的、先进的生活方式和消费理念，同时，也面临着许多难题。

1．了解影响家庭消费的因素

家庭消费是从低级开始逐步向高级发展的，在经济发展水平比较低、收入比较少的情况下，人们首先只能满足基本的生活需要，一旦经济发展了，收入提高了，享受和发展的消费就会逐渐增加。现在人们的观念不同了，人们开始注重精神生活，如欣赏高雅音乐，参加各种娱乐活动，出国旅游等。由此可见，居民为了满足自身需要所进行的消费活动，从根本上说，是受国家经济发展水平的制约的。

（1）收入水平

收入水平的高低，对家庭消费的影响是直接的，因为收入水平决定支出水平，而支出水平又代表着一定的购买力，购买力越大，人们能购买的家庭消费品也就越多，反之也就越少。收入水平与家庭消费水平成正比。提高家庭消费水平的主要途径是增加收入。

（2）物价水平

物价上涨，直接影响了人们的消费水平。所以，物价水平是影响家庭消费的重要因素，一般来说，消费品价格总体上升，则家庭消费水平降低，消费品价格总体下降，则家庭消费水平提高。用公式表示就是：消费水平=收入水平/物价水平。

从这个公式可以看出，消费水平与收入水平成正比，与物价水平成反比。物价水平上升多少，人们的消费水平就要下降多少。因此要维持正常的消费水平就必须控制通货膨胀率。

2．掌握正确的家庭消费理念

如何把家庭消费理念传授给不同年龄阶段、不同性别的家庭成员，需要采取一定的方法和途径。在这方面，一些发达国家有比较成功的经验可以供我们借鉴。这些经验主要有：政府高度重视，如美国用行政法规强化消费教育，日本将消费教育纳入学校教育之中，开设消费教育的专门课程。日本是最初提出学校消费者教育重要性的国家，其次还有美国、马来西亚等国家。同其他国家相比，中国的消费教育研究和消费教育工作只能说是刚刚起步，差距还比较大。但我们可以从这些发达的国家吸取有益的经验，拓展家庭消费教育的领域，多渠道开展家庭消费教育。

（1）家庭自觉开展消费伦理教育

家庭是人们活动的主要场所，家长是子女的启蒙老师，再加上家庭中的一种特殊的亲情关系，更利于家庭消费教育收到成效。家庭的消费决策者除了自身应有科学合理的消费观念与行为之外，更负有对家庭成员进行随时的消费教育的义务。这就要求，作为家庭消费决策者的家长，首先要做到率先垂范，杜绝一切不良的消费观念和消费习惯。如奉行"今朝有酒今朝醉"的及时行乐主义、"树活一张皮，人活一口气"的盲目攀比心理，以及黄赌毒等一些不法消费行为，做到节俭与合理消费相结合。其次，对家庭其他成员，特别是年轻一代进行及时的健康消费教育，采取措施纠正不良的消费观。同时，对子女进行劳动教育、节俭教育，以及金钱观教育。引导家庭成员合理消费，形成一种良好的家风，既有利于家庭成员健康人格的塑造，对社会的风气也会起到一定的净化作用。

（2）有计划地对青少年开展消费教育

一项研究表明，在家庭消费的许多领域，孩子对于家庭消费项目的购买决策具有重要的影响力。研究人员根据近年对城市少年儿童状况的若干调查结果，对当前青少年个人的消费能力的持续增长与少年儿童对家庭消费影响力比重相对偏高提出警告：随着三口之家群体已构成中国城市家庭的稳定形态，对独生子女的家庭约束机制尚不成熟，社会生活节奏加快导致的中青年群体的家长群体可用于家庭活动时间的减少，少年儿童对家庭消费决策的高影响力会形成新形式的非理性化消费。对家庭消费决策具有高影响力的青少年们绝大多数的时间都在学校度过，因此，把家庭消费教育延伸到学校，显得异常迫切。

相当数量的学生的消费行为已经处于一种不良状态，盲目消费、过度消费，甚至进行一些有害消费。从当前青少年违法犯罪现状来看，因比吃比穿、讲享受、讲排场而发生的侵财案件，占到了80%以上。由此可见，对学生进行正确的消费伦理教育，培养学生勤劳节俭、艰苦奋斗的精神和品质，是刻不容缓的任务。学校教育是提高消费者素质的最有效的途径，它能有计划、有组织地进行教育。学校教育应该成为中国宣传消费观念、培养消费道德的主体。学校不仅应该提供基本的消费知识和消费技能的教育，更重要的是，向处于不同年龄阶段的学生宣传正确的消费观念，包括节俭消费、健康消费理念、绿色消费理念以及理财知识等。

（3）社会消费教育

社会消费教育是指运用各种社会力量开展家庭消费知识的教育。可以采取以下几个方式进行：首先，以各级消协组成全国性消费教育网络，在维护消费者权益、向消费者提供消费信息和咨询服务的同时，向人们倡导一种正确积极的消费理念。其次，大众传媒是进行消费道德教育最持久、最经常也是最有效的形式，利用各种传媒如电视台、电台、书籍、报刊及各种形式，经常性地开展家庭消费教育，或通过一些典型人物的报道，或通过一些理财专家的讲座，向社会大众传达科学合理的消费观念。

"吃不穷，穿不穷，算计不到就受穷"，要学会合理的家庭理财方法，适当地消费合理地节约。树立健康的消费观念、制定合理的消费策略、规范家庭成员的消费行为，使我们每个家庭在物欲横流、各种非理性的个性化理念与价值观充斥的纷繁复杂的社会环境中，真正做到理性消费，真正获得高质量的生活。

温馨小提示

要建立合理的家庭消费体系，杜绝不必要的消费，就必须学会如何在家庭消费上节约，那么如何做到家庭节约消费呢？

首先，拿购买电子时尚产品来说，最好不要赶早买。以电脑为例，其产品更新换代速度远超过想象，价格也下降得很快。如果不是急需，买过时一点型号似乎更划算一些。耐用消费品，不要追求一步到位。一步到位思想越来越不适应现代社会。而对于小资类产品也是少买为妙。时髦服装意味着高淘汰率和更新率，而经典款其保鲜度和耐用性都会更好一些。

其次，要懂得节约。及时关掉不用的灯，把电视声音调低点。重复利用废水等做法不但节约公共资源，也节省了开支。食品购买切忌多而杂，否则极易造成浪费。

再次，精简自己的社交范围，要做到少而精，毕竟朋友多了，应酬就多，开支方面自然要增多，很多时间也由不得自己支配了。其实，若是时间充裕的话，许多事情可以自己做的。像日常家务，自己做既省了钟点工费用的支出，也让自己变得充实，甚至可以给孩子们树立良好的行为规范。

总之，每家各有不同的消费妙招。但要切记，目前你的处境稳定不代表你的未来就稳定，涝时蓄水，旱时才能有水。

远离疯狂购物的心理误区

在心理学上，购物狂行为又被称为"强迫性购物行为"，指的是一个人无法控制自己的购物欲望，疯狂消费，不考虑后果。引起强迫性购物行为的心理成因多种多样，如焦虑、愤怒、虚荣、冲动等。所以，购物狂往往买的不是物品，而是情绪。

所谓"购物狂"，就是对商品有一种病态的占有欲，当面对琳琅满目的商品，哪怕是对自己来说毫无用处或者是重复购买的商品，都会不假思索地大掏腰包，甚至一天不买几样东西，就觉得难受。

女性似乎天生就有购物的嗜好，而当这种嗜好极度膨胀时，这样的消费就会变成一种强迫性的购物行为。殊不知，一个人的嗜好过于膨胀时，就会在虚荣的外衣下引发家庭危机，导致激烈的家庭矛盾，这不仅有害于自己，也有损家庭的温馨与和睦。

为此，家庭中的女性要正确对待自己的购物心理。

1. 认识疯狂购物的危害

随着社会经济的发展，人们的消费能力也随之不断上升。越是经济发达的国家，有购物瘾症的人群就越庞大。这既是一个亟待重视的社会潜在问题，更是现代消费社会的重要心理问题。

有统计显示，大部分女性在心情抑郁、焦虑、疲惫和有负罪感之时会疯狂地进行购物，也就是说，女性的购物欲望并不是与生俱来的，购物有助于舒缓生活中的压力与焦虑，只是当这种强迫性购物形成瘾症时，她们便控制不了自己的行为。

张女士是某科研院所的骨干，老所长退休以后她极有可能成为继任者。心切的张女士每天都在等待任命的消息，但是宣布任命结果时所长却是由别人来担任。

张女士一下子觉得希望破灭，心情低落的她盲目地乱找宣泄口，漫无目的地来到商场疯狂购物，结果现金花光后，她又接着刷卡消费直至出现较大的透支，丈夫十分生气，与其矛盾不断上升，原本平静而幸福的生活由此产生了较大波动与混乱。事后在家中许多人的责备下张女士深感内疚，于是心情更加低落。

应该指出的是，有进取心是追求上进的表现，这无疑是值得肯定的。但应该用平和的心态面对这样的事件。像张女士这样的情况，可以找知心的朋友或家人倾诉，将不良情绪适时地宣泄出来。

2．克制疯狂购物的方法

疯狂购物作为一种非理性的行为，它绝不是达到缓解压力、安抚失落情绪的方法，所以必须进行有效的克制。以下提供一些针对购物成瘾的具体调适方法，以供参考：

第一，不在情绪不稳定的时候进行购物，因为此时的购物只是不理智的宣泄；第二，不在感觉悲伤的时候进行购物，因为购物也不能完全安抚你的内心世界；第三，不在怀旧的情绪中进行购物，无节制地沉湎于过去容易丧失判断力；第四，不为了追赶时髦进行购物，时髦只是一时的潮流，并且永远也追赶不上；第五，不把购物当成一种消遣，如果觉得时间富余，可以培养兴趣爱好，多进行有益于身体健康的活动，让生活更充实；第六，尽量在购买前列一个简单的购物清单，确定需要购买的物品，避免重复购买已有的东西；第七，尽量用现金进行结账，减少信用卡的使用次数，计划消费金额进行消费，根据消费的支出可能携带现金；第八，尽量运用"替换政策"控制自己的购买欲望，政策很简单，就是购买一件物品就必须丢弃另一件物品；第九，尽量在购物前问自己："真的需要吗？"理性地思考购买物品的必要性和合理性。

总之，用理智战胜盲目，才是比较完美的购物方法。同时，也是尊重家庭、呵护家庭的重要所在。

温馨小提示

你有疯狂购物的倾向吗？如果有，那么，你在生活中为了避免自己花冤枉钱，可以这样做：

首先，你外出时尽量少带现金，只要够用就可以了。如果你带了太多现金，容易使你感到自己很有钱，而挥金如土。

其次，平常最好与自己经济状况相当的人交朋友。因为假如你的朋友比你有钱，会使你产生一种压力，也想像对方一样购物。

你还可以提前拟定自己的购物目标。这就要求你要时常想想究竟你需要一些什么，把它们列出来，它可以时常提醒你在购物时是不是真的需要这些东西。

最后，你还要学会记流水账，看看你究竟还有多少钱，不要因为买了东西而饿了肚子。

第二章　亲子关系的心理直通

亲子关系，即父母、子女关系。在法律上是指父母和子女之间的权利、义务关系。父母和子女是血缘最近的直系血亲，为家庭关系的重要组成部分。

一般来说，子女与父母心血相系，血脉相通，照理说应该是最容易沟通的一个群体。但是，由于年龄的差别，认识事物的角度不同，加上性格及其他原因，矛盾仍然不可避免，问题也时时发生。因此，亲人间应该多沟通，多交流，应用爱心化解彼此间的误会和矛盾，努力填平两代人之间的代沟，这样才会使父母、子女亲密无间，家庭上下和谐幸福。

母爱是世间最伟大的力量

母爱就是母亲对孩子的爱，这是世界上最博大的爱。就像大地和大自然一样，母爱讲究默默地付出，却不求回报。母爱像春雨，传递给了大地；母爱像溪水，传递给了河流；母爱像友情，传递给了知己。可以说，母爱是世间最伟大的力量。

那么如何让这股力量迸发出美丽的光芒呢？心理学认为，应该注意以下方面：

1. 树立正确的人才价值观

人才价值观念，具体指母亲对人才价值的理解，对教育和培养子女成才的认识。在我们的生活中，不同的人，对人才的认识是不一样的，有的认为知书识礼、学问高深的是人才；有的认为有权有势的是人才；有的认为赚大钱的是人才。因为人才观的不同，追求的目标就不一样，对子女的期望和要求也不一样，最后的教育效果也不一样。

做母亲的女性应该明白，人的价值在于能为社会做出贡献，是一个社会需要的人，是一个对社会、对家庭都有用的人。人类的母亲爱孩子，不能像动物那样从生存和安全的角度去保护孩子，而应该有明确的目标意识。爱是为了把家中的孩子培养成对社会有用的人、时代所需要的人。

那么什么样的人才是对社会有用、时代需要的人呢？最基本的素质是具有良好的社会道德意识、乐观健康向上的心态、积极的探索和学习的精神、良好的身体状况和社会适应性。

孩子的基本素质不是与生俱来的，而是在耳濡目染父母长期的言行举止、行为榜样与社会环境交互作用中逐渐形成的，其中母亲的人生价值观具有导向作用。

所以，母亲的情感不能盲目地付出，而应该围绕目标，有针对性和选择性，在自身的言行和对孩子的教育上选择有利于孩子发展的方式和内容，而不是我行我素。

2. 建立良好的亲子关系

孩子究竟属于谁？心理学认为，作为母亲的女性不仅应当把孩子看成家庭中的成员、自己的骨肉，同时也应该把孩子看成是社会的人，是国家和民族的未来。所以，母亲有责任和义务把孩子培养成国家所需要的有用人才。

由于受长期封建传统思想的影响，许多母亲总把孩子看成是自己的私有财产，父母对儿女可以任意处置，打骂、娇惯全凭自己的意愿，很难用平等的态度对待孩子，要么把孩子当成宝贝过分溺爱、处处包办代替，任其为所欲为；要么对孩子寄予过高的希望，巴不得在孩子身上实现自己的所有的理想和追求，丝毫不顾及孩子的水平和能力，还美其名曰"为了孩子"。

有的母亲在理论上也知道孩子是国家的未来，但在实际行动上又完全按照自己的主观愿望来教育孩子，要求孩子完全服从自己，而自己对孩子却不尊重、不沟通，更谈不上相互学习。

要知道，在新时代，母亲和子女不仅有血缘上的联系，更重要的是一种互相依赖、互相学习、共同进步的社会联系，亲子关系是一种互爱的关系、平等的关系。

母亲和儿女之间要培养共同语言，相互沟通，要注重和孩子进行情感上的交流，取得孩子的尊重和信任，主动地了解孩子，如知道孩子的兴趣爱好、孩子的性格特点、孩子的优势和孩子的不足，还要善意地对孩子进行引导、批评。

父母培养子女是社会义务，同时也能享受子女的成功和成才带来的欢乐，但如果母亲逆社会之需要，一味按自己的愿望去塑造孩子，那么孩子今后可能跟不上时代发展的需要，缺乏自信和独立，常常受挫碰壁，家庭的温馨和快乐也会由此受到影响。

3．学习掌握必要的知识

大量研究表明，许多家长对儿童身心和社会性发展的相关知识了解得很少，他们非常希望培养出优秀的子女，于是强迫教育、超前教育，巴不得自己的孩子是超常儿童，常常跨越孩子的认识能力水平施加教育，"拔苗助长"最后害了孩子也苦了家庭。

母亲是家庭教育的主要承担者，在母爱的驱动下，母亲对孩子更为关注，但如果母亲不了解子女身心发展客观规律的有关知识，那么可能的结果是"爱之越深，损之越烈"，就如有些孩子的妈妈一样，牺牲自己的一切换来的却是永远的噩梦。

心理学认为，母亲应当把子女看成是具有独立人格和自尊的人，孩子有着自己身心发展的规律和特征，家长不应该把自己的思维方式和意愿强加给孩子，应当按照儿童发展、教育的规律进行家庭教育。大人应当爱孩子，鼓励和支持他们，保护和引导他们，但决不能代替他们，实际上也代替不了。

那么，怎样才能掌握子女身心发展客观规律的有关知识呢？唯一的方法就是学习，向有经验的母亲学习，向有关专家请教，向有关的书籍学习。

关于儿童教育方面的书籍、报纸、杂志很多，社区、学校也经常会组织专门的学习，作为母亲要主动参与这些学习，从中获得孩子在各个不同年龄阶段成长的规律的知识，结合自己孩子的实际，不断调整自己的认识和行为以适应孩子发展的节奏。

4. 提高自身的素质

母爱是情感的投入，是自觉的行为。但情感和行为都是受思想支配的，而个体的思想又取决于个体的认识水平、知识结构、价值观念、行为准则等多方面，所以作为母亲要真正施与母爱，就要对自己提出很高的要求。

为什么这样说呢？因为孩子有很强的模仿能力，他们长期生活在父母的身边，就会自觉不自觉地模仿父母的一言一行，尤其母亲对孩子早期的影响更大。所以，女性要想教育出优秀的孩子，自己应当首先提升自身的精神境界。

要想让孩子讲文明礼貌，母亲就不可口出污言垢语和举止粗俗；要让孩子爱学习好读书，母亲就不能不看书读报，更不能在麻将和扑克桌上通宵达旦；要想让孩子身心健康成长，母亲首先要从自我做起，自尊、自重、自爱，并也要在"德、智、体、美、劳"等方面不断完善自己，不断提高自己为人父母的本领和素质，要有远见、识时务、严以律己、身体力行，努力使自己处处成为孩子的榜样。

除了榜样的作用，提高母亲的自身素质还有一个重要的作用，即提高家庭教育的质量。家庭教育是孩子的启蒙教育,家庭教育的成功与否直接影响孩子的成长。高素质的母亲懂得儿童身心发展的规律,掌握相应的教育方法,能随时观察孩子的身心发展和变化,及时给予适当的关心、辅导,帮助孩子渡过一个个难关,使其顺利成长。

母爱很普通,每个人都感受过母爱;母爱很崇高,它是母亲心血和生命的精华;母爱很复杂,汇集着天性、本能、意识、希望、行动;母爱很见效,成也母爱败也母爱。为了使我们的孩子获得更多的成功,作为新时代的现代女性要树立科学的母爱观念,学习科学的母爱知识,对孩子实施科学母爱,这样才能培养出国家需要的栋梁之材。

温馨小提示

当母亲的应该明白,真正的母爱是放下自己去爱孩子,具体到行动中就是,首先要保证给孩子无条件的爱。你爱他,不在乎未来有什么回报。

你的孩子是一个独立的生命,他应该是他自己。当一个独立的生命在生长的时候,妈妈会在旁边欣赏他、观察他,但是并不参与其中,不要让他按照妈妈的意志去改变。

如果你能够做到这两个方面,那么,你就已经是个了不起的妈妈了!

让博大的父爱温暖孩子

如果说母爱如水,温暖滋润,那么可以说,父爱如山,博大深沉。

父爱指父亲给予孩子的爱,父爱是严肃、刚强、博大精深的。父爱同母爱一样伟大，只是父亲表达爱的方式不同而已。

现在常能听到一些父母抱怨自己的儿子缺乏男子气概，甚至有的人嘲笑这样的男孩为"娘娘腔"，男孩儿本身也很痛苦，可到底是什么原因导致的呢？

心理学专家认为，主要原因在于父亲，一些父亲由于工作关系，与家中孩子接触的机会与日俱减，从婴幼儿到青春期的成长过程中，男孩儿往往被母亲、女老师所"包围"，男子气概成了他们人格构建中的稀缺元素，女子气息过重便成为现代男孩的标志性弱点。

因此，父亲一定要让孩子感受到父爱的温暖，使孩子学会父亲的坚强、坚韧和自信，让孩子更加健康地成长。

1. 认识父爱和母爱的差别

在家庭中，父爱和母爱是有差别的，我们可以从父母与孩子的日常交往来看两者的不同。在交往的内容上，母亲常花较多的时间照顾孩子的生活或辅导孩子学习；父亲则花较多的时间与孩子游戏。

在交往的方式上，母亲更多地搂抱孩子，与孩子进行一些温和的活动；父亲则更多地通过身体运动与孩子玩耍，做一些较剧烈的、冒险性的活动等。

在交往的态度上，当孩子摔倒了，母亲常用"没摔坏吧，都怪石头""以后千万别乱跑，听话就是乖宝贝"来安慰和规范孩子；而父亲常会大声地说"勇敢些，爬起来""为什么不看路，下次要注意"。

可见，父亲和母亲同孩子的交往是很不一样的，带给孩子的教育影响也很不一样。培养父子感情，让父爱发挥教育作用，重要的是要让父亲将本身所具有的男性特点融入亲子交往中。比如让父亲和孩子一起玩运动性、技术性、智能性较强的游戏，这样父亲所固有的男性特征，如坚毅、深沉、果断、独立性、进取性、合作性等会不知不觉地影响孩子，这样就有利于促进孩子身体、智能、性格的发展。

2. 学会培养父爱的方法

爱孩子的父亲们，不仅要为家庭和孩子的成长创造物质基础，更为重要的是要参与到孩子健康成长的教育工作中去，对孩子的教育不要只停留在要求和训斥的言传之中，还要亲自上阵，对孩子进行身教，让孩子从父亲身上，学会刚强、学会坚韧、学会社会责任。

（1）要表扬孩子

父亲的肯定，最能增强孩子的自信心，让孩子有勇气去面对生活中的未知世界，敢于承受失败和挫折。

（2）多和孩子在一起

尽管很忙，每周也要安排一些时间与孩子在一起，带着孩子一起做家务，一起玩耍，让孩子与父亲有亲近的机会，沟通父亲与孩子之间的感情。

（3）多帮助孩子

在孩子遇到困难的时候，与孩子一起面对，并且协助孩子解决问题。这样一方面可以让孩子感受到来自家人的支持，另一方面也能教会孩子处理问题的技能，促进孩子成长。

（4）让孩子了解你

花一些时间与孩子进行谈话，让孩子了解你的对问题的看法和认识，花时间带孩子到你的办公室了解你一天都在做什么工作，花时间带孩子一起参加社交活动，让孩子了解你的社会交往。

孩子通过近身观察，能够从你身上学到人生理想、社会责任、个人追求、为人处世等方面的知识，这对孩子的成长是大有好处的。

（5）送给孩子礼物

在孩子取得成功的日子或者特别的日子，来自父亲的祝福最能成为孩子成长的催化剂。需要注意，买礼物需要有节制，不要太过频繁，太过于贵重，只要表达父亲对孩子的祝福和肯定即可。

温馨小提示

作为父亲，为了孩子的健康成长，不仅要让孩子感受到你的博大之爱，还要让孩子从你身上学会男性的各种优秀品质，教育孩子，奉献爱心，可以从以下方面去尝试：

（1）做孩子的玩伴

一般而言，母亲更多的是以关爱、照管、说教的方式陪伴孩子，即使是玩，也只是做一些传统的、安静的、缺少变化的游戏。

一个有趣的现象是：孩子对于什么事情找妈妈，什么事情找爸爸分得很清楚。一旦孩子有父亲带着，便会做出某些大胆的、超出常规的举动来。而且，当孩子想玩的时候，也会去找爸爸，爸爸成了孩子的玩耍伙伴。这种父子间的互动对孩子的意义已经超过了玩耍本身。

（2）做孩子的榜样

父亲自身具有的男性特征，诸如独立、自主、坚强、果断、自信、敢于冒险、富有进取心等，在与孩子相处的过程中，都会传递给孩子，使孩子在不知不觉中学习、模仿。

孩子常常会和同伴比较自己的爸爸，并以"我爸爸……"而自豪，在夸奖爸爸的同时，仿佛自己就跟爸爸一样。

（3）帮助认同自身角色

当年幼的孩子在寻求依恋对象时，男孩会更多地依恋母亲，女孩则更多地依恋父亲。父亲与孩子的交往，将会有助于他们对于男性和女性的作用和态度有一个积极、适当而且灵活的理解。与此同时，孩子也将自己认同为男孩或女孩。如果没有父亲的影响，男孩的男性特征和女孩的女性特征都会削弱。

（4）造就优良个性

男性和女性与生俱来的特征，决定了对孩子的差异性。重要的是父亲如何扬自己所长，适时、有效地扮演好自己的角色，因势利导地去培养孩子的各种能力。

父亲应发挥好自己角色的强项，充分激发孩子的兴趣、求知欲，使用多种材料，积极探索多样活动，培养孩子的自信心与创造力。

正确地对待独生子女的教育

独生子女，是一个家庭范畴内的概念。自20世纪80年代，我国把规定一对城市夫妇只生一个孩子，以及将优生和优育定为一项基本国策以来，全国已形成了庞大的独生子女群体。出生人口的大量减少，缓解了衣、食、住、行、就业、资源、环境等诸多方面的社会压力，提高了人口素质，但也衍生出家庭中的独生子女问题。

所谓独生子女问题，是指在这些独生子女身上，人们发现了这样一种现象：许多独生子女或多或少都存在着自私自利、不会做家务、对父母不孝顺、好吃懒做、任性、贪图安逸等毛病，他们中甚至还出现了"零家务"，就是不做家务的孩子。

所以，独生子女的教育，是一个十分重要的心理学课题，也是全社会特别关注的一个问题。

1. 认识独生子女问题产生的原因

（1）长辈的溺爱娇宠

父母和祖辈的溺爱娇宠，使孩子变得自私，凡事先考虑自己，从不为别人着想。

（2）未养成尊重的习惯

家长对"独苗苗"百般袒护，长者不愿约束孩子。孩子在家庭这个最早加入的社会结构中，未能养成尊重长辈、遵守纪律的自觉性，而是任性骄横，家庭成员关系颠倒，走向社会也不懂得尊重别人。

（3）没有与人合作的精神

独生子女没有兄弟姐妹为伴，幼时缺少与小伙伴一起游戏的集体活动，既不易养成与他人协同合作的精神，又缺少竞争性，所以社会适应能力差，形成孤僻、缺少热情的个性倾向。

（4）易于形成依赖性

在家里，父母代劳独生子女的许多本应自理的工作，使他们逐渐形成依赖性，以致自主精神和自主能力都差，更缺少劳动自觉性。

（5）缺乏自由时间

家长望子成龙，请家庭教师，买钢琴，成天逼孩子认字、作文、弹琴、习画、学外语，没完没了。孩子缺乏应有的游戏时间，会产生厌学情绪。

其实，只要家长能发挥孩子的优势，独生子女的体格和心理都会得到很好的发挥，所以，家长应该重视对独生子女的教育问题。

2. 应对独生子女问题的策略

家长对独生子女的正确态度，应该是爱而不宠、养而不骄。爱子女不但应体现在对孩子的生活上，更应该体现在对孩子的教育和培养上，使孩子在德、智、体、美、劳各方面健康成长，为此，对孩子要严格管教，精心培养才是爱。

（1）摆正与独生子女的关系

在家庭中，千万不要把孩子置于家庭的特殊地位，不要让孩子在思想上形成"自我中心"的意识。平时对孩子的一言一行、一举一动，尽量不要让他们产生特殊感，要使孩子感到他和其他成员的地位是平等的，要做到这一点，从日常生活中的小事做起是关键。

（2）加强独生子女之间的往来

鼓励孩子到儿童社会中去，儿童社会性的发展是要通过他们之间相互的交往而发展的。儿童良好的行为是从模仿开始的，而模仿最好的对象是儿童伙伴，这种作用是成人所代替不了的。

大多数孩子是非常喜爱集体生活的，特别是游戏，通过集体教育他们尊重他人，不执拗任性，与小朋友友好相处，互相商量、谦让。因此，家长要放心让孩子到小伙伴中去锻炼，培养他们的自主精神，这种能力将会随着他们的成长迁移到他们未来的生活和学习中去。

（3）培养孩子健全的人格

独生子女身上大多存在着娇气，克服这种娇气的办法，是在实际生活中让孩子吃一点苦。

因此，在物质方面，家长不要提供太好的条件；应督促孩子多做一些家务，特别是孩子自己的事情，尽量让孩子自己去做，有时，家长也可以有意识地设置一些障碍和困难让孩子去锻炼。

这样，孩子就容易形成自立、自强，拥有坚定的信念、坚忍不拔的毅力和良好的心理素质，这样的孩子才会勇于面对生活带来的压力，才不会被困难所击倒。

一旦孩子形成自己的主体意识，具有批判思维能力，他就敢于承担责任，表现自己，形成认识自己、肯定自己、超越自己的良性循环。完善自由的个性，健全的人格，正是将来迎接挑战的根本。

（4）对孩子的教育要一致

成人对孩子的教育要使他们感到合理，才能得到良好的效果。家长对孩子的教育要一致。从小到大要让孩子形成良好的习惯，要有原则，这样，家长的威信才会高，教育的效果才会好。

总之，我国的独生子女是在特殊的家庭生活环境中成长的，这种特殊的环境对儿童、青少年的影响作用可能是积极的，可能是消极的，要尽可能地发挥其积极作用，抑制并克服其消极作用，扬长避短，才能更好地促进独生子女身心的健康和谐发展。

温馨小提示

如果你也是独生子女的父母，请不要气馁，因为孩子虽然有一些缺点，但是也有很多优点，如善良、好学等，当然，你也不能放松自己的责任，要教育好独生子女，你必须解决好以下几个问题。

第一，要解决心态问题。所谓心态，就是面对客观世界和周围环境所表现出的心理状态。心态影响人的行为，甚至决定成败。

都说独生子女难教育。其实，独生子女和其他的孩子是一样的，都是普通儿童。独生子女教育是难度大一些，但关键不在于孩子本身，而在于家长的心态不端正。孩子是需要保护、关心、照顾、宽容、爱护的，但不能过分。过分了，教育就会"走样"，效果会适得其反。

第二，把独生子女放在家庭生活中适当的地位。独生子女家长在思想上，一般把孩子看得过重，孩子的地位放得过高，被看成是"小皇帝""小太阳"。一家人以他为中心，围着他转；转来转去，使得独生子女渐渐产生并不断强化以自我为中心的思想。家长舍不得管教，孩子也不大听从父母的管教，很容易成为家庭里的"暴君"。

第三，期望值不要过高。我国独生子女的大批出现，恰恰是在我国社会进入市场经济社会的时期。社会竞争的压力和生存难度越来越大，促使家长普遍产生了严重的急功近利思想，对孩子任意实施超越年龄特征的"超前教育"，施加巨大的超负荷压力。家长必须明白，适当的期望是激发孩子前进的动力，过高的期望像拦路虎，会让孩子望而生畏。要克服期望过高的偏向，正视、尊重孩子的年龄特征，按照儿童、青少年身心发展的规律实施教育。

第四，让孩子融入社会群体。独生子女的家庭是一个成年人的"社会"，没有儿童的群体，孩子在家里没有与同龄人共处、磨合的经历，这是独生子女家庭生活的一个天然缺陷。

最好早点把孩子送到托儿所、幼儿园，让他进入儿童的社会群体，参与、适应集体生活；在家里，要采取"请进来，走出去"的方式，让孩子与别的孩子接触。到了青少年时期，要主动打开家庭这个"城堡"的大门,早一点"放飞",让孩子广泛进行社会交往,学习与人相处,以提高社会适应能力,降低从家庭到社会的"坡度"和难度。

善于教育与引导孩子成长

孩子的成长需要教育与引导,什么样的教育与引导才能使孩子健康成长,可能是每个家庭、每个家长都非常关心的问题。

在众多的家庭教育理论与实践中,人们越来越注意到教育孩子时家长的正确心理。因为拥有正确的心理,才能拥有正确的教育方法,反之,则可能适得其反。

总之,只有善于教育与引导,才能培养孩子良好的生活习惯,帮助孩子形成健全的性格特征,从而使他们的身心得到全面发展。

1. 认识教育孩子的常见心理

在现实中,比较常见的教育孩子的心理有哪些呢?

(1)期望心理

望子成龙、望女成凤是每个家长共同的愿望,既是人之常情,也是孩子成长的动力来源之一。适度的期望可以使孩子朝着健康的方向发展。

但在现实生活中,有些家长只是不断地提出要求,而忽略了对孩子应有的鼓励,鼓励是孩子前进的"加油站",鼓励不足甚至没有,结果造成孩子前进动力不足,久而久之,孩子就会对自己失去信心,导致停滞不前甚至朝相反方向发展。

有些家长把自己没有实现的梦想强加在孩子的身上,家长的梦想期待孩子来实现,孩子肩负着自己和家长的对于未来的向往,负重前行,使得很多孩子对于未来没有信心，对生命也没有了期待。

家长应该正视这个问题，期望要适度，期望加上鼓励才能起到好的作用。

（2）替代心理

许多家长觉得在自己的成长过程中走了许多弯路，吃了许多苦头，在心中很自然地就产生了替代心态，总是不断地告诫孩子这样做不行、那样做不行，只有照其说的去做才是最佳做法。

从短期效果讲，这种做法是最好的，省略了一些探索过程中的挫折。

但从孩子的成长看，这种替代孩子思考与选择的做法与家长教育的初衷是相反的。在孩子成长所需要的各种知识中，有些是可以传授的，有些则必须是要孩子体验的，就好像学骑自行车一样，只是讲而不去练，孩子永远也不知道骑自行车的感觉是什么，成长的智慧是在不断反思中形成的，而不是天生的或是哪个人教会的。

在替代心态教育下长大的孩子往往会成为一个听话的机器，一个没有个人思想的做事的人，而不是一个生活的智者。

（3）急躁心理

"十年树林，百年树人"这个道理所有的人都懂，但实际生活中急于求成的事随处可见。今天指出了孩子的问题，明天就希望孩子有一个新的变化，或是让孩子参加什么速成班的学习，希望他们早日成才。

孩子的成长是一个曲折中前进的过程，在成长中出现的问题可能是成长中必须出现的，比如青春期的心理，这个过程只有当孩子走过了这个阶段，相应的成长问题才会有所好转；还有一些问题是成长过程中积累下来的，比如不自信、撒谎、网络成瘾、上课注意力不集中、性格上的不良表现或是成绩比较差等，这既有孩子的责任也有家长的责任，因此这些问题都不是一朝一夕能改善，而是有一个漫长的过程，家长要有充分的思想准备，与孩子一起成长，任何急躁与不耐心只能给孩子的成长带来阻力。

除此之外，还有无能为力的心态、放任自流的心态和不信任的心态等，这些心态或多或少都对教育孩子的效果产生一些不良的影响。

2．教育孩子的正确心理

在教育孩子的过程中拥有什么样的心理才能获得良好的效果呢？

（1）尊重孩子

要想教育好孩子，首先必须尊重孩子。家长对孩子的尊重不是简单地表现在对孩子讲话客气，不打骂孩子，或是让孩子做出他自己的选择，家长一律不干涉等，而是表现在对一个生命的尊重。

教育学家罗杰斯有句话描述了这种尊重的感觉："当看着日落时，我们不会想去控制日落，不会命令太阳右侧的天空呈橘黄色，也不会命令云朵的粉红色更浓些，我们只能满怀敬畏的心情观望而已。"

孩子身上有着巨大的成长潜力，这种成长潜力有着自己发展的规律与方向，作为家长只有配合着这种成长力量，孩子才能够将自己的潜力充分发挥出来。

（2）热爱孩子

提到父母对孩子的爱，每个家长都觉得自己的爱有100%，但许多孩子却感受不到这种爱，反思其原因，父母的爱有太多的条件，比如听话、考试成绩要好、不能打架、对老师要有礼貌等，这样的爱变成孩子行为的枷锁，难怪孩子们无法理解这种爱。

父母对孩子的爱应该是无条件的，它既不是为了满足自己的私欲去溺爱，因为自己不能见别人受苦或是不能见孩子受制而对孩子不加管理，也不能为了让孩子实现自己的理想而对孩子严加管教。

不论管教的严或松，不是根据家长的意志，而是根据孩子成长的需要，是出于对孩子成长规律的配合，这样的爱才有效果。

科学的教育心理是家长教育智慧的体现，这种智慧的获得也是在教育实践中不断反思才能获得的。

温馨小提示

在培养自己的孩子时，除了应有正确的教育心理外，还应做好以下三件事：

一是培养良好的亲子关系。好的关系胜过许多教育，父母与孩子关系好，对孩子的教育就容易成功；与孩子关系不好，对孩子的教育就容易失败。

二是培养孩子良好的习惯。习惯决定命运，孩子的一切都从习惯培养开始。但良好习惯的养成绝非一日之功，其主要原则是低起点、严要求、快反馈、勤矫正。

三是引导孩子热爱学习。吸引孩子热爱学习，引导孩子学会学习是父母的一项重要职责，也是父母的真正魅力所在。孩子只有掌握了正确的学习方法，有了对学习的兴趣，才能有真正的本领。

调皮是孩子的一种天性

在我们的生活中可以看到，很多孩子都调皮捣蛋，特别是学龄前儿童，无论在幼儿园还是家里，常常让大人们头疼不已，气急败坏。怎样看待这些调皮孩子的举动呢？

著名作家冰心曾说过:"淘气的男孩是好的,调皮的女孩是巧的。"她满怀着对孩子们的挚爱,寄语父母和教师要正确看待淘气和调皮。须知,调皮是孩子的天性,贵在教育与引导。

1. 了解孩子调皮的原因

调皮孩子是指在集体生活中经常表现出精力旺盛、活动量大、注意力不集中、自制力差,常有攻击性和破坏性行为,习惯差,喜欢恶作剧,爱发脾气且不遵守班级纪律的孩子。

调皮是孩子的天性,一般说来,孩子的调皮有家庭和自身的原因。

(1)家庭教育不当

通常家长教养孩子方式有4种类型,如权威型、专断型、放纵型、忽视型。其中,造成孩子调皮的重要因素有以下几种:

第一,专断型的教养方式。这种家长往往把孩子看成私有财产,常常要求孩子无条件遵守有关规则,不给孩子发表看法的机会,对孩子违反规则行为表示愤怒,甚至采用严厉的惩罚措施。生活在这样环境下的孩子,其心理受到了压抑,产生了怨气,到了学校,其他孩子往往就成了"出气筒",在学校表现得就非常调皮。

第二,放纵型的教养方式。持这种态度的家长往往把孩子看成是光宗耀祖的希望。他们无原则地满足孩子的各种要求,对孩子的不良行为也不加以控制和纠正,让孩子为所欲为。这样的孩子在幼儿园常表现出较高的冲动性和攻击性,而且缺乏责任感,不太顺从,行为也缺乏自制。

第三,忽视型的教养方式。持这种教养态度的家长,对孩子既缺乏爱的情感,又缺少行为的要求和控制。孩子的行为得不到及时的反馈,这就造成了幼儿不知是非和正误的毛病。在幼儿园里则常表现出好奇、好动、好问、不守纪律等特征。

（2）自身条件影响

孩子生长发育需要调皮。学龄前儿童生长发育很快，生长需要运动，运动帮助生长。孩子很多调皮现象，都是这种帮助生长的运动的表现。从这个意义上讲，调皮就成了孩子的天性，孩子需要运动，又缺乏经验，这一对矛盾就成了孩子调皮的本质。

2. 管理调皮孩子的方法

调皮是一些孩子气质类型的外部表现。气质是表现在人的情感认识活动和语言行动中的比较稳定的动力特征。常见的气质类型有胆汁质、多血质、黏液质、抑郁质。不同的气质类型在心理上有不同的表现，这几种气质类型中，胆汁质兴奋性较强，多血质灵活性较强，这两种气质的幼儿可能就成了天生的调皮儿童。作为家长，应该了解孩子调皮是可爱的表现，正确地引导他们，使其身心健康地成长。

（1）用欣赏的眼光看待

调皮的孩子是璞玉，父母雕琢他们最好工具不是惩罚说教，而是学会倾听他们的声音。每个孩子都渴望被尊重和赏识，调皮的孩子也一样。所以，家长要学会用欣赏的眼光看待调皮的孩子，以便发现他们的优点和长处，只有充分了解他们，才有可能去正确引导和帮扶他们。其实，有出息的孩子不是学出来的，而是长出来的。怎样长是个严肃的问题，家长的作用至关重要。

（2）给孩子多一些关爱

爱是幼儿心理健康发展的重要条件。实践证明，被成人厌弃的幼儿，常自暴自弃，形成自卑或逆反心理。比如，有些调皮的孩子，喜欢捣乱，活动时常打打闹闹，这往往是由于家长对他付出的爱及关注不够，他们中有的想通过捣乱、打架来引起家长的关注，获得我们的爱。因此，对于调皮儿童，家长不应该吝啬自己的语言和表情，而要通过多种形式，向他们表示我们的爱。即使只是一个会心的微笑、一句关心的话语、几下亲切的抚摸，都会使他们感受到"父母还是爱我的，我应该听他们的话"。

尽管孩子年幼，但自尊心很强，尤其是调皮的儿童，要坚持用一分为二观点看待他们，尽量找出其闪光点，鼓励他们进步。

（3）提倡人性化教育

大人和孩子的观点难免不同，家长应该换位思考，多站在孩子的角度想一想。当孩子犯错时，只有让他真真切切地认识到其做法是错误的，才能达到教育的效果。家长要与孩子多沟通、多交流，千万不要采用简单粗暴的方法去打压、管教孩子。

没有一个孩子不调皮捣蛋，但不能将此作为孩子的缺点，孩子的顽皮之中往往蕴含着创造，它是孩子智慧发展的原始动力。如果每一位家长能正确地对待孩子的顽皮行为，进行科学引导，那么，在孩子成长的道路上，在顽皮之中激活和培养出的孩子的智慧，可能是孩子成才之路上的"第一桶金"。

温馨小提示

孩子只要很好地教育，就能取得好的效果，不过，你要记住以下几个原则：

一是批评孩子要控制在1分钟内，前30秒让孩子感到痛苦，后30秒应抱着孩子告诉他批评的原因，告诉他你很爱他。

二是当你确实忍受不了孩子的行为时，应马上采取行动，不要事后算旧账，也不要告知不在场人，一定要给孩子留面子。

三是如果在公共场所教育孩子，一定要控制音量，最好拉到一边，千万不要引起围观，不然孩子的心理会很受伤。

四是批评教育孩子要有技巧，不能随便打，一定要避免打伤孩子，要不这事就成了永远好不了的伤口了。

五是千万不能把打孩子当作是你发泄情绪的途径，如果越打越生气，你一定是上了情绪的当，因为那样是教育不好孩子的。

改掉孩子贪玩的毛病

贪玩是孩子的天性，换句话说，没有孩子不贪玩。不过，任何事情都要把握一个度。超过了度就会产生负面影响。正如孩子贪玩一样，如果玩得过分，玩得沉迷，这就有害而无益了。我国古代有句话叫"玩物丧志"就是这个意思。为此，作为父母绝对不能让孩子贪玩过度。

1. 了解孩子贪玩的原因

对孩子的贪玩，家长不要过分心急，当孩子贪玩影响了正常学习及生活时，我们做家长的则需要进行干预。研究认为，引起孩子贪玩的因素有如下几个方面：

（1）儿童多动症

这种孩子表现为整天动个不停，但兴趣爱好不持久，注意力集中时间不长久，行动没有计划性和目的性，做事有头无尾，不能有效地约束和控制自己。

（2）教育不当

家长由于工作、生活等原因，平时对孩子教育不够，孩子整日和其他孩子一起玩耍，无人加以约束和引导，使得孩子沉溺于玩耍。学龄儿童贪玩则有多种原因，例如有的孩子缺乏学习兴趣，有的因视力或听力等问题，因为看不清、听不懂导致上课做小动作和调皮捣蛋等，而教师及家长往往认为他们是贪玩。

（3）饮食因素

研究发现，儿童饮食与行为之间也存在着一定的关系。有的孩子身上似乎有使不完的力气，这可能与孩子平时多食鱼、肉、蛋等高脂肪、高蛋白饮食有关。另外，常喝含兴奋性成分的饮料以及多吃人工合成色素类食物及挑食、偏食引起缺铁性贫血等也可能引起儿童爱玩。

2．改变孩子贪玩的方法

孩子爱玩并不是坏事，因为在玩中同样能学习知识，增长才干。因此，我们对孩子的玩不应该一律加以强硬的干涉，而应该区别对待，正确引导，并根据孩子贪玩的原因，对症下药。

（1）培养学习的兴趣

学习兴趣是促使孩子自觉学习的原动力，兴趣是最好的老师。如果孩子对学习产生浓厚的兴趣，他们自然就不会把学习当成苦差事。

我们经常看到，有的孩子对电脑很有兴趣，愿意自觉主动地看许多计算机方面的书籍，贪玩的习性就会有很大的改善。因此，我们应不时地寻找发现孩子的兴趣所在，并加以引导和培养，促进孩子健康成才。

（2）科学严格的教育

学会引导，严格教育，注重实效。通俗地讲，就是软硬兼施，重在激励，软就是启发、激励孩子；硬就是严格教育。严格教育不是教条主义，不是管死，而是对正确的和孩子愿意做的事情，要抓紧、不放松、不打折、不妥协，抓出实效。

正确的和孩子愿意做的事情，家庭应该进行严格管教，这会形成良好的亲情关系，而溺爱孩子、放任不管才是造成不良亲情关系的重要原因。

（3）对潜能挖掘培养

挖掘潜能培养某一方面的兴趣，这对贪玩孩子的转变是很重要的。让孩子逐步学会发现和发展自己的特长和优势，孩子的知识、能力、情感、意志等某一个方面的长处得到展示，受到肯定，对孩子来说，都是他成长中的一个重要的突破性发展。

每个孩子都是有特长、有天赋、有潜能的，我们只要留心，总会找到孩子的某些天赋和特长，只要加以引导和鼓励，孩子就会兴趣大增，从而转移注意力，把玩放到次要地位。

（4）让孩子感受成功

很多孩子不爱学习，多是由于学习总是失败，考试成绩总是不如人。因此，我们要从孩子的实际出发，恰当地为孩子确定学习目标，并给予切实有效的帮助，这样孩子就能努力达到他能够实现的目标，获得成功的体验。成功的体验会激励孩子继续努力，不断进步。

（5）交爱学习的伙伴

同龄人之间的影响也是极为重要的。大部分的孩子仿效性极强，只要有一个好的榜样在身边，孩子就会产生希望变好的内在动力，逐渐喜欢学习。这种同伴的力量有时甚至比父母的说教、打骂更有效。

另外，作为父母，我们应该明白，自己的言行是孩子最好的榜样。要使孩子不贪玩，首先我们自己必须爱读书，为孩子努力营造一个良好的学习氛围。如果我们成天玩麻将、看电视、跳舞、应酬，那么要想孩子"出污泥而不染"是绝对不可能的！

温馨小提示

孩子贪玩总会惹出一些事情，其实，这是孩子还没有规则意识，或者还不会"沿着道走路"。为此，你不妨参考以下方法：

在孩子遇到困难或者问题时，要运用头脑风暴的方法，鼓励孩子找寻各种可能的解决问题的办法，并且在确定所有的方法被找出之前，不得对任何人的方法进行批评。

这种思考方法有利于发展出解决问题的技巧。如果你认为这种创造性的构想可行，则在所有的方法确定出来后，引导孩子评估每一个方法的优点和缺点，并对每一个方法进行总结。

你可以询问孩子，"你认为哪一个方法对你最有效"，让孩子自己做决定。除非情况相当急迫，否则应由孩子全权处理，因为行为的当事人必须对其行为的后果负责任。行动方法确定后，你应鼓励地问孩子："你愿意在这个星期中进行这个计划吗？"无论如何，寻求解决办法所要求的是对行动的肯定承诺。

在商量解决问题的时间之前，你可以与孩子讨论计划实行的情况。如果孩子的计划没有成效，你也不要提出自己的建议，而是应该尊重孩子的选择，是否继续进行计划、改变计划或选择其他方案。如果在限定的时间内，孩子不与你讨论计划的实施情况，你可以晚些时候询问计划进展的情形："你愿意谈谈这件事吗？"

以此，让孩子根据自己的意向，来实践自己的计划，并解决问题，最终让孩子养成遵守规范的意识。

培养孩子良好的学习习惯

希望自己的孩子成才是每个父母的心愿，许多父母也都尽其所能地教育自己的孩子，然而为什么有的孩子出类拔萃，而有的孩子却非常平庸？

同样是孩子，差别为什么如此之大？

大量事实证明，凡在学习上比较优秀的学生和他们良好的学习习惯是分不开的。所以，作为父母，在孩子学习中指导的重点应是从小培养孩子良好的学习习惯，这将会使孩子终身受益，这也是使孩子打开未来成功之门的金钥匙。

1. 了解孩子不爱学习的原因

有不少孩子有厌学情绪，甚至有的优等生也不例外。求知是孩子认识世界的基本途径，而追求快乐又是孩子的天性。若孩子因求知而被剥夺快乐，在痛苦的状态下学习，就会产生厌学情绪。要改变孩子的厌学情绪，首先要弄清产生厌学情绪的原因，然后才能对症下药，让孩子快乐学习。孩子产生厌学情绪的原因主要有：

（1）父母期望过高

父母的期望过高，会使孩子心理压力大大增加，不自觉地把学习与痛苦体验联系起来。

（2）缺乏自觉性

父母陪读，使孩子缺乏学习自觉性。这会使孩子难以领悟学习的过程，难以独立地解决遇到的新问题，体验不到独立解决问题后成功的快乐。

（3）认识偏差

家长对孩子学习目的定向有偏差，将学习知识的目的定在将来而不是今天。

比如，家长常对孩子说："你不好好学习，将来就找不到工作。"这样，孩子就体验不到获取知识的快乐，而只注重别人对自己的评价。对知识本身不感兴趣，自然将学习看作是苦差。

（4）不会学习

一些孩子往往学习时不集中注意力，不能把新旧知识联系起来进行学习；不能选择重要内容而抛开不重要的内容；无法将学到的知识正确、合理地表达出来。这样，面对日益繁重的课业内容，自然产生厌学情绪。

2．引导孩子爱学习的方法

面对孩子的厌学情绪，作为父母，该如何增强孩子的学习兴趣，培养孩子爱学习的习惯呢？心理学认为，可以从以下几个方面入手：

（1）正确引导孩子学习

父母常把学习焦点放在孩子的学习成绩上，如考试考了几分？班上排名多少？如此一来，就是教导孩子，你所有的学习，都是为了取得这些外在的肯定。如果父母亲能教孩子，把学习焦点放在学习的成就感上，感觉就会截然不同了。其中的差别，在于不把孩子跟别人比，孩子只该跟自己比较，多学了一些知识，自己就有所进步，当然值得高兴。

如此一来，孩子可以从获得知识当中，得到很大的满足和成就感。这么做，就会培养出热爱学习的孩子。为此，培养孩子发自内心的学习热忱，孩子才能乐于学习而发挥潜力，达到他真正应有的学习水平。

（2）培养多元化教育价值观

孩子的学习动机被扼杀的原因之一，是父母亲只认为在学校考试成绩良好，才是未来有出息的保证。因此对孩子的学习成绩过分在意，而造成孩子压力过大。

然而，美国哈佛大学的心理学教授加德纳博士早在1983年就提出了"多元智力因素理论"。主张判断一个孩子是否聪明，应从八大能力来分析。其中的前三项是传统智力因素：一是数学逻辑能力；二是语文能力；三是空间能力；另外这个划时代的创新理论，还加了五项新的能力指标，来判断一个孩子是否聪明，其中包括：体能、音乐能力、了解自己的能力、了解别人的能力、理解自然环境的能力。

这一"多元化价值观"的教育理论，影响了世界各地的教育体系。比如，一个体能很好的孩子，在校的数学成绩若不如其他孩子，以传统的眼光来看，就不是个聪明而会受重视的孩子。然而按照"多元智力因素理论"，拥有极佳的体育素质也是一大能力，这个聪明的孩子绝对值得父母亲好好培养。

所以，如果父母能用多元价值的眼光，来看待孩子的学习能力和成果，就会发觉，其实每个小孩都有他的闪光点，父母亲的职责是去发现这些闪光点，让它熠熠生辉。

（3）培养孩子学习的弹性

要让孩子永葆学习的热忱，除了让孩子真心喜欢上学习之外，还有一个很重要的能力需要培养，就是学习的弹性。

所谓"学习的弹性"指的是，一个人处理压力，面对挫折和接受挑战的能力。具有学习弹性的孩子，能有效地处理学习挫折和负面评价以及学习压力。

温馨小提示

在帮助孩子爱上学习的同时，家长还应该做到以下几点：

1. 要诚心

每一个孩子都有自尊心，都想得到尊重和认可。所以我们在和孩子相处的过程中，要真诚地和孩子交心，得到孩子的认可，得到孩子的信任，探到孩子内心深处。尽量对孩子全面了解，假如最了解孩子的不是你，那你就不是称职的爸爸妈妈。

2. 要细心

倾听孩子的每一句话，捕捉孩子每一个动作，发现孩子的每一个动向。并且在和孩子相处时，要认真考虑自己的言行，身教与言传并重。

3. 要狠心

为孩子制订的制度、计划要不折不扣地完成。允许孩子犯错误，但不允许经常犯同样的错误。一旦出现这种情况，不能心慈手软。

4. 要耐心

小孩子玩性大，自制力差，易反复。教育孩子不是一朝一夕能够完成的，所以我们一定要有耐心，不急不躁，静下心来坚持不懈。

5. 要全心

作为家长，奋斗一生大部分都是为了孩子，因此，为了孩子的将来，我们要尽可能地多在孩子身上下功夫。只要全身心地投入到孩子身上，少些应酬，少打麻将，少上网，多留点时间给孩子，你就会成功的。

溺爱孩子不是真正的爱

孩子是父母的心肝宝贝，做父母的疼爱孩子理所当然，但疼爱不是溺爱，不是一味地娇惯和放纵。溺爱孩子不是真正的爱，因为溺爱不利于孩子成长。

现实生活中，有不少父母分不清什么是溺爱，更不了解自己家里有没有溺爱现象存在。所以对这个问题非常有必要进行剖析。

1. 认识溺爱与爱护

溺爱子女是当今社会的普遍现象。生活中，我们经常可以听到这样的话："我们的童年过得很艰辛，再不能让孩子经受我们的那些磨难了。""现在条件好多了，又只有一个孩子，因此，无论如何不能让孩子吃苦受累。"

正是怀着这样的想法，我们做父母的尽其所能地从各方面满足孩子的需求，包括一些不必要的甚至是无理的要求，代替孩子完成一些理应由他们自己完成的事，如做作业、值日扫地等。

我们尽力把孩子的生活道路铺得平平坦坦的，似乎这样就能保证孩子幸福健康地成长。但是事实上，父母的这种观念会给孩子带来很大的危害。

要知道，个体的成长过程就是自己成为自己的过程，爱是这一过程中最重要的因素。我们给孩子提供什么样的爱，孩子就以适应这种爱的方式而成长。

真爱以孩子的成长需要为核心，在孩子不同的发展阶段给予他不同方式的爱。

2岁以前，我们可以给予孩子无条件的爱，因这个时候，孩子还完全没有自立能力。

2~4岁，我们要尊重孩子自主的探索，但又在孩子需要帮助时出现在他面前。

这种以孩子的成长需要为中心的真爱会让孩子成为自爱、爱别人、有鲜明的自我意识、健康的自主人格和高度创造力的人。与真爱对应的是溺爱，很多家长都有这样的溺爱心理。这种看似是自我牺牲的爱，其实是懒惰的爱。

天真、幼小和"一张白纸"的孩子，最需要我们做父母的经常性的正确教育和引导。但是溺爱成了家庭教育和引导孩子的障碍。孩子常常是在不知道错还是对的心理状态下干自己想干的一切。同时，溺爱使大人不能给孩子以适当的批评，不能让孩子明白对与错、能做与不能做、好与坏的区别。

2岁前，我们父母以孩子为中心，他们怎么爱都几乎不会犯错。但2～4岁，我们仍然这样做，甚至直至孩子成人了，我们也仍然一成不变地以这种方式去爱他。最终，这会导致毁灭性的结果。

2. 消除溺爱的方法

溺就是淹没的意思，如果我们做父母的爱流横溢，泛滥起来，就会淹没孩子，这就是溺爱，当然淹没的不是人，而是孩子的优良性格。现代社会，溺爱已经成了严重的社会问题。我们该如何克服自己的溺爱心理呢？

（1）要有理智

做父母的，没有不爱孩子的，但是在爱孩子的过程中要有分寸、有原则。要自觉地控制自己的感情，克制那些无益的激情和冲动。

（2）严格要求

所谓"爱之深，责之切"，就是说，我们的严格要求正是出于深切的爱。所以，我们做父母的不应该受盲目的爱所支配，要严中有爱、爱中有严。

当然，严格要求并不意味着我们对孩子动辄训斥打骂，而是要做到以合理为前提。而且，态度也应该是耐心的、循循善诱的。

（3）认清目的

我们一定要清楚孩子是一个独立的个体，是与我们一样独立的人。孩子终究是要离开我们独立生活的，生活能力和自理能力是伴随孩子一生的最基本的生存本领。我们培养孩子的主要目标是让他养成独立自主的习惯。

（4）提供机会

让孩子养成独立自主的习惯，就需要我们做父母的给孩子独立自主的机会。把孩子应该自己完成的、能够做到的事情，以及他应该承担的对自己、对父母、对家庭、对社会的责任都要还给孩子，给孩子独立面对社会的机会，让孩子成为真正意义上的独立的人。

（5）循序渐进

我们一定要注意，培养孩子的独立自主能力不能过急，要循序渐进，要随着孩子年龄的增长，逐步提出孩子力所能及的要求，不能让孩子做不能做到的事情。

3. 学会爱护孩子的技巧

天下的父母都爱孩子，却未必会爱孩子。过分的关心溺爱，不仅会加重孩子的心理负担，同时，还剥夺了孩子面对挫折、困难和学习独立的机会。我们如何做才是真正地爱自己的孩子呢？

（1）不给孩子搞特殊

我们现在的孩子在家庭中地位高人一等，处处特殊照顾，久而久之养成了自私、没有同情心、不会关心他人等坏毛病。我们应当视孩子为家庭的普通一员，吃水果，先要给长辈吃，然后再自己吃，家里的一切都是大家享用，玩具大家玩，鼓励孩子克己利他，助人为乐。

（2）不过分关注孩子

不要让一家人时刻都围着孩子转，这样造成孩子娇气十足、没有礼貌、任性、"人来疯"等现象严重。作为家长我们不应过分去注意孩子，也不要把孩子当中心话题，鼓励、引导孩子专心做自己的事，不能妨碍大人做事与谈话。对孩子有礼貌表示尊重是必须的,客人来了不要吵闹,要有礼貌。

（3）不有求必应

对孩子的物质要求我们不应满足的就决不给予满足,要让孩子有所等待和忍耐。因为人生的追求,哪怕是一个小小的目标也不会是一帆风顺的,积极的人生,需要等待、忍耐、克服困难和努力争取才能得到。

（4）不放任自流

我们不要因忙于工作而消极地等待环境的恩施,或任凭不良的生活习惯侵蚀我们的孩子。要言传身教,建立良好的生活环境,良好的饮食习惯,养成恰到好处的看电视和按时睡眠的习惯。

（5）不乞求孩子

我们在孩子面前不要有乞求央告的态度,也不要表现出无可奈何的神情。对孩子的教育应当是严肃认真的,要求是适当的,估计孩子能做到,给予鼓励、信任、尊重,语言和语气应当是简短、坚定的,孩子做好了,给予赞许或奖励,孩子不听话,也要严肃地教育、批评。

（6）不包办一切

在孩子可以自理的时候,我们不要处处包办。否则,时间久了孩子会养成依赖心理,变得胆小、没有自信等。要鼓励孩子尽可能做力所能及的事,逐步增加孩子的劳动难度,多表扬孩子,创造劳动的愉快气氛。慢慢地,孩子的独立性、自信心就锻炼出来了。

（7）不迁就依从

在孩子哭闹时,我们要说清道理,决不迁就。既不要一哭闹就依从孩子,也不要打骂和损伤孩子的自尊心,要谈点有趣的事来转移孩子的注意力。

事后我们要给其讲道理,对其批评,甚至冷淡孩子,有时冷淡也是教育孩子听话的有效方法。家长正确处理，孩子就会变成懂事、明理、能自制和关心人的好孩子。

(8) 要统一思想

有时爸爸管孩子妈妈护着，有时父母管孩子，奶奶爷爷护着，这样孩子没有是非观念，性格会扭曲，有时还会引起家庭矛盾。只有一家人统一认识、统一方法，才能把孩子教好。

家长在教育孩子时，家中成员都要给予支持，要配合默契。即使某个家长教育不当，其他人也不要当面干预，这才是真正爱孩子。我们要以科学的爱，来保护孩子健康成长。

温馨小提示

你肯定很爱自己的孩子，但你知道一个心理健康的孩子应该具备哪些条件吗？现在让我来告诉你吧！

有正常的智力，有求知欲。

能逐渐学会调控自己的情绪，保持乐观向上的心境。

能与周围的人正常交往，懂得分享与合作，尊重别人，乐于助人。

能自我接纳，有自制力，能积极面对生活中遇到的问题、困难，能适应环境。

具有良好的行为习惯和健全的人格。

其实，不少孩子在幼儿期或学龄前期就出现了心理异常，只是表现比较轻微，并未引起我们家长的注意。一旦当孩子上学读书后，这些心理疾病直接影响到孩子的学习状态和成绩，这时，家长才意识到问题的严重性。

所以，对于儿童的心理问题，家长需细心观察，尽早干预，避免因为疏忽而引起严重的心理和精神障碍，影响孩子健康成长。

善于将包办变为鼓励

现在的孩子是父母眼中的宝贝，老人眼中的太阳。从孩子出生到长大，所有事大人都喜欢代劳。其实，家长把一切都包办了，孩子在这样无微不至的关怀下生活，看似幸福，背后却有隐忧，过惯衣来伸手、饭来张口的日子，不利于将来的生存和发展。

所以，作为父母，为了孩子的健康成长，应学会将包办变为鼓励。

1. 认识包办与鼓励

我们现在的生活条件越来越好，父母的文化程度越来越高，对孩子的教育也就越来越重视。我们家长自己从小吃过的苦，走过的路，不希望自己的孩子再经历一次。

于是，我们有的家长打着为孩子好的旗号，包办孩子的一切。从小时候的穿衣打扮，到毕业后的工作去向，都毫无例外地替孩子做好了决定，完全不问一问孩子自己的想法，不知道孩子自己想干什么。

更有甚者，连孩子的婚姻问题都要强加干涉，要孩子完全按照自己的计划走，不考虑孩子的感受、体会孩子的心情。到最后往往闹得父母和子女之间的分歧越来越大，沟通越来越难。家长认为自己是为了孩子，而孩子却不体谅家长的苦衷，认为家长不理解他们的想法，不给他们一个自己做决定的机会。

我们家长包办孩子的一切，从家长的出发点来看是好的。以前的生活条件和现在相比有很大的差别,再加上家里兄弟姐妹又多,不管是在教育还是在其他方面,都不会有很大的满足。所以现在的家长在自己的孩子身上好像看到了重生的希望,把自己以前想做却因为条件的限制而没有做的事情,都一股脑推到了孩子的身上。

孩子在小的时候可能会屈从父母的想法,顶多用哭闹来表示自己的不满,家长一使用暴力威吓手段,孩子就不敢再抗议了。但是等他们渐渐长大,尤其是到了初中、高中甚至是大学以后,这种迫使孩子听从自己安排的手段就不奏效了。

于是,我们家长与孩子之间的"战争"就爆发了,如果家长不及时和孩子沟通,想用冷战逼迫孩子低头的话,那就大错特错了。这样只会加剧家长和孩子之间的裂痕,让孩子的心离家长越来越远。

即使孩子屈从了,我们想过没有,孩子一直都是在自己的安排下学习和生活,甚至连婚姻和工作都不能自己决定,那等我们老了,我们的孩子将何去何从呢?

奉劝总是喜欢包办孩子一切的家长,适当地给孩子一个自由呼吸的空间,放手让孩子去实现自己的梦想,自己默默地站在孩子的背后支持他、鼓励他。对于家长来说可能会有一些担心和不舍,但是对于孩子来说,你们的开明让他们拥有一个实现自己梦想的机会,不管将来是成功还是失败,他们都不会埋怨你们,反而会记得你们对他们的支持和鼓励。

2. 避免包办的方法

我们事事包办,这对孩子的独立性与自信心的培养是极其不利的,而且还会严重扼杀孩子的生活自理能力、活动能力、交往能力等,一遇到困难,就不知所措,畏缩不前,从而为消沉、懒惰、无能、自卑埋下了祸根。我们该如何改变自己包办孩子一切的习惯呢?

（1）理解孩子

婴儿不到一岁就抢着抓碗筷，试图自己动手吃饭，尽管弄得满脸是饭粒，但却表明了他的愿望。

到了两三岁，随着自我意识的萌生，独立的愿望更加强烈，什么都想要自己做，自己穿衣，自己开电视。

年幼的孩子从不会做到逐渐学会做，总是在反反复复中感受着独立做事的快乐。这是一种良好的发展过程，在"我能做"的过程中，促进了孩子独立人格的形成，同时建立起自信心。

（2）学会放手

孩子需要一定的空间去成长，去试验自己的能力，去学会如何应对危险。不要为孩子做任何他自己能做的事。如果我们过多地做了，就剥夺了孩子发展自己能力的机会，也剥夺了他的自立能力及自信心。

我们家长要放手，让孩子锻炼，不要怕他们做不好，也不能求全责备，更不能包办代替。对于孩子独立去做的事，只要他们付出了努力，无论结果怎样都要给予认可和赞许，使孩子产生信心。

如果我们父母能因势利导，放手锻炼并支持、鼓励与帮助，孩子的独立性便能得到良好的发展。

（3）不能心软

为了孩子的未来，我们家长不能一见孩子哭就心软，有时需要下狠心，别管孩子，这样才能培养孩子克服困难，迎接人生各种挑战的心理素质和实际能力。当然，不是放任自流，而是建立在了解孩子的能力、尊重他的情感的基础上。

我们平时应该要求4～5岁的孩子培养自己动手的习惯，如，洗自己的手绢、袜子，整理自己的房间、玩具，倒垃圾、叠衣服等，因为这些小事正是培养孩子自立能力和精神的一个重要途径。

（4）鼓励自主

幼儿时期是各种能力初步发展的时期，我们家长应利用这个时机，耐心细致地培养和训练孩子在各个方面的能力和技能技巧，放手让他们独立完成一些力所能及的任务，给他们一定的自我决策和选择的权利，尊重他们的合理意见和要求，给他们尽可能多的自由，不过分限制他们的活动，鼓励他们提出自己的见解。

3．鼓励孩子的技巧

做父母的一方面要克服自己为孩子包办一切的想法和做法，另一方面，要经常鼓励自己的孩子，这样才能更好地促进孩子的成长。我们平时该如何鼓励自己的孩子呢？

（1）注意孩子的感悟力

我们不要认为孩子还小，看不出个阴晴冷暖来，其实人的感悟力和交流能力天生就存在了。也许小宝宝还不会说话，但他已经可以通过你的语音和表情来感知喜悦还是忧伤，比如笑脸和高昂快速的声音一般都代表快乐的情绪，当宝宝感受到愉悦的信息时，他也会感到快乐。

（2）多元化的表达方式

宝宝的年龄越小，我们给予他鼓励的方式就越要多元化，这样他才能从感官上得到最大程度的接受，比如鼓掌、微笑、拥抱、眼神的交流、涂鸦绘画，并且要说"你真棒"等，动作和语言相结合，效果会更好，因为宝宝会感觉到更大力度的鼓励。

（3）鼓励孩子要有诚心

虽然鼓励并不需要额外花费什么，但是请记住，所有的鼓励和赞美都要发自内心，一味地鼓励个不停并不一定都是正向的积极的鼓励，反而可能让孩子对大人产生怀疑和不信任感。

（4）满足孩子的基本需求

对于婴幼儿而言，满足他的基本需求是最重要的。生理上的需要只要马上处理，就可让宝宝立即得到满足，而心理上的需求则比较耗费时间，这就要求大人要不间断地频繁地出现在宝宝身边，随时向宝宝传递这样的信息："宝宝，我在乎你。"

（5）随时给孩子一个拥抱

当宝宝需要拥抱时，记得要随时张开双臂，全身心地将宝宝抱在怀里。要知道，宝宝要求拥抱是在寻求安全感，是想通过和爸爸妈妈的身体接触来获得一种亲密的感受。拥抱之时交流的不仅仅是体温，更重要的是无形的情感交流。

（6）摸摸孩子的小脑袋

用温暖的大手摸摸宝宝的小脑袋，这是带点溺爱意味的行为，通常这种单纯的肢体行动会伴随着语言一起出现，比如爸爸可以抚摩着宝宝的脑袋说："好，做得好！"当宝宝情绪沮丧的时候，摸摸他的头带有一种"无声胜有声"的安慰意义，宝宝肯定能真切地感受到。

（7）给孩子甜美的微笑

和宝宝亲密接触的时候，甜美的微笑能让宝宝感到快乐。当宝宝开始学习走路的时候，爸爸妈妈记得要用微笑鼓励他勇敢地迈出第一步，摔疼了，就给他安抚和呵护；跌倒了，就让他自己站起来，或者帮助他站起来，切记不要保护过度，这样不利于孩子养成坚强的性格。

（8）多让孩子自己做主

两三岁的宝宝凡事都有自己的想法和意见，在爸爸妈妈总是问他"行不行""好不好"的时候，他一般都会回答"不行"或"不好"，因为在小孩的心目中要以"否定"来肯定自己的存在。

　　了解了孩子的这种心理之后，我们不妨在一些小事情上让孩子来做一次主，比如玩什么玩具、画什么样的简笔画、穿什么鞋子等，在这个过程中，让宝宝自己去判断、决定一些事情，并且从中获得成就感。

　　（9）鼓励孩子不畏艰难

　　人的一生不可能一帆风顺，我们要让孩子懂得这个道理，而且学会克服困难，要让孩子不畏艰难。我们不仅让孩子经历克服困难的过程和体验战胜困难后的喜悦，同时还要让孩子经受可能失败的磨炼。

　　（10）鼓励孩子多说话

　　说话可活跃孩子的思维，为孩子提供获取许多宝贵信息和知识的机会，还可提高孩子的社交能力，由此可诱发孩子的灵感和创新能力。

　　（11）鼓励孩子的好奇心

　　好奇心将引导儿童通向智慧之门，应该好好保护孩子的好奇心。对孩子出于好奇心提出的五花八门的问题，我们家长要有问必答，或加以引导，或提出反问。

　　（12）鼓励孩子多动手

　　动手比单纯看书学习带来的益处更多，动手不仅可以避免孩子成为书呆子，培养孩子勇于探索问题，发现问题，解决问题，而且有益于身体健康。

　　（13）鼓励孩子多运动

　　运动带来的益处不单纯是身体素质上的，运动不仅可以增强个人体质，而且有助于开发孩子的智力，让孩子更有进取心。

　　（14）鼓励孩子爱自然

　　爱大自然，让孩子投身于大自然的怀抱，呼吸新鲜的空气、感受泥土的气息，既陶冶了性情，又让孩子从小培养了热爱自然、热爱生命的情感。

温馨小提示

你是不是平时不知道怎么鼓励自己的孩子呢？其实，鼓励有许多的技巧，你知道吗？用心学习，你很快就能掌握！例如，孩子今天自己整理了房间，作为父母的你，该如何鼓励呢？

1. 可以说结果

注意到了孩子整理房间的行为，你可以说："我发现你今天已经整理了房间，现在房间焕然一新，做得真好！"

2. 可以说原因

告诉孩子："你不仅把床上的衣服都叠好了，也把书桌上的书都排列整齐了，真棒！"说得越具体，孩子下次越知道该怎么重复这个行为，也知道了自己哪些行为是受到称赞的，可以激励他重复这个行为。

3. 可以说人格

接着，你可以说："看得出来，你是个很负责任的人。"称赞的时候，父母要多谈人格特质，而在批评时，就该谈行为，而避谈人格特质。

4. 可以说影响

你可以说："有你这样的孩子，爸妈觉得很高兴。"

然而，在说正面影响时，建议你要谨慎。我们大部分父母亲都习惯和孩子说："爸妈以你为荣。"其实这句话的着眼点，应针对人格特质，而非学习成绩或表现。

当你说："你这次数学考了满分，爸妈真以你为荣。"孩子会认为，只有满分，爸妈才会以他为荣，那万一下次没考好，父母亲就不再感到骄傲,甚至还可能以他为耻。

现在换一种说法,强调人格特质就对了。"这次你考了满分,爸爸妈妈发现你很努力,才有这么好的进步,这份努力,爸爸妈妈很引以为荣。"如此一来,孩子就会知道,只要他努力,不论成绩如何,父母都会引以为荣。

另外,特别值得一提的是,孩子努力是为了自己,而不是为取悦任何其他人。所以,当他有好的表现,父母更好的说法是:"爸妈真为你感到高兴。"

正确看待并消除代沟

"代沟"一词在我国很流行,指年轻的子女与父母辈在思想观念及价值观念上存在的距离,并由此导致两代人的相互不理解,产生隔阂。

代沟的存在是客观的,但并不是无可奈何的。只要我们掌握一定的方法,就完全能够缩小或消除代沟。

1. 了解产生代沟的原因

代沟是由于大人与孩子之间因价值观念、思维方式、行为习惯、兴趣爱好等方面认识不同而导致的,其形成代沟的原因有很多,归纳起来,主要分为生理、心理、社会发展、角色差异等原因。

(1)生理原因

青少年正处在发育阶段,体力和智力发展迅速,好运动、敢创新,但却耐力不足;成年人的身心已发展到最高峰,对人生、社会已有全面成熟的认识,态度和观念也已基本定性,缺少变化。

（2）心理原因

处于青春期的青少年，自我意识日益增强，有独立思考的要求，他们易冲动、易受他人影响，渴望独立、渴望得到成人和社会的承认。

恰恰相反，成年人心理上已经完全成熟，个性也趋向稳定，对子女的希望不断升值，他们习惯用自己的生活方式和思维方式去要求子女。

现在，一些子女的青春期与母亲的更年期重合，处于更年期的母亲们很容易情绪波动、精神紧张，再加上繁杂的工作和家庭重负，使她们成为心理负担颇重的"易燃易爆"体。

（3）社会原因

两代人成长的社会环境不同，适应环境变化的能力也不同。父母的世界观和人生观可能和孩子的想法相去甚远。

另外，两代人适应环境变化的能力不同，社会观念、社会环境、工作性质、生活方式、人际关系等方面的变化，对上一代人冲击较大，他们不能很快适应这个时代的发展，而正处在这个时代的青少年，能很快融入这个时代，能够迅速接受新鲜事物，两代人之间因此出现摩擦。

（4）角色原因

作为父母要承担一定的社会责任，需要履行抚养、教育孩子的义务。他们对子女有很高的期望，希望孩子听话、有出息。

而少年则处于被教育、被保护的位置，他们的要求很容易被忽视，尤其是父母的溺爱常常被他们看成枷锁。

2．消除代沟的方法

要想一家人和乐，缩短代沟，需要我们家长做出更多努力，尤其是精神准备，我们该如何消除代沟呢？

(1) 承认代沟

面对代沟,我们不要回避,要迎难而上。生活中的代沟,其实可以不必计较,所谓青菜萝卜,各有所爱。而思想上的代沟,需要在沟通中进行碰撞,在碰撞中取得个性的共振。两代之间不能伤感情,不然,不但无法沟通,而且会加深隔阂。

(2) 及时沟通

交谈是最好、最直接的沟通方式,我们做父母的应主动创造谈话语境,营造交流的氛围,与子女以心换心。这种交谈必须建立在双方平等的基础上,父母最好是以朋友的身份参与其中,切忌用封建家长式的态度,居高临下地训斥孩子,否则会使彼此间的距离越来越大。

(3) 宽松要求

适当降低对子女的要求。对子女要求过高,会形成孩子心理上的重压,致使孩子把家庭看成"集中营"。家长应争取给孩子创造宽松和睦的环境,不能按自己的好恶和标准来评价与要求孩子。

(4) 相互尊重

不要给孩子过分的爱,而要给孩子一片"情感自留地"。青春期的少年渴望独立,对事物具有一定的批判、评价能力,因而不愿事事听命于大人。他们迫切需要得到父母和周围人的尊重,承认其独立意向和人格尊严。过多的保护会使孩子内心烦躁,产生抵触情绪,逆反心理也会日趋严重。

(5) 学会接纳

对待子女我们应学会在接纳和容忍的基础上因势利导。在家庭生活中,家长要学会接纳对方的态度和意见。

这种接纳不是被动的,而是在真正弄清对方的意见和态度是否合理之后,心悦诚服地放弃自己的见解而接纳对方。或者,将双方的意见取长补短，相互融合。

由于涉世不深，青少年看待事物经常抱理想主义的态度，遇挫折易沮丧，也易受他人影响，考虑问题片面甚至办事冲动，理性不足，是非界限不清。做父母的要理解孩子的这些变化，及时调整自己的角色，由"权威式""保姆式"的关系变成"朋友式"的关系。

（6）求同存异

如果两代人之间的某些差异极难协调，那么父母就该求大同、存小异，理解、尊重子女的生活习惯、兴趣爱好，绝不可将自己的想法强加给对方。

（7）与时俱进

现代社会日新月异，瞬息万变。青少年没有旧观念、旧模式，凭着对新文化的敏感、认同以及接受能力的优势，必然会走在父母的前面。父母应主动学习，与时俱进，力求与子女建立共同语言。

当然，我们不要指望能彻底填平代沟。代际冲突也有其积极的一面，它是社会进步的产物。当然，这需要家长采用恰当的方式，与孩子和睦相处，让孩子健康成长。

温馨小提示

你是不是与自己的子女因为相互之间缺乏理解、互不相让而产生了代沟，你是不是正在为教育子女而头痛呢？回避不是解决问题的办法，现在教你一些实用的方法吧！

1. 做子女的知心朋友

要做到这一点，要从日常小事做起，如经常抽空与孩子交谈。陪同孩子参加活动，如买书、购物、进行体育锻炼、听音乐、看电影等,同欢同乐,增加接触孩子的时间,拉近感情距离。

2. 让孩子了解父母的辛苦

父母也不妨适当地向子女敞开心怀,谈谈自己的心里话,让孩子理解你的心情,也请他帮助父母想想办法,出出主意,共同商量解决的办法。这样,子女才会逐渐懂得家长原来也有这么多生活中的辛苦,才会懂得子女应该关心体贴长辈。

3. 教育态度要温和

不能用粗暴的训斥、轻蔑的态度、讽刺的语言、过多的禁止与批评等,这都会伤害孩子的自尊心,使他们产生不信任、不合作的逆反心理,教育效果差。

4. 教育方法要讲究

对孩子的教育要从小开始,坚持一贯,严格要求。要有相对稳定的一些"家规""家法",从小加强训练和培养。不然,假如父母从小溺爱孩子,让孩子习惯不讲道理,以自我为中心,毫无约束,我行我素,那么,随着年龄的增长,更无法管教了。

隔代教育是一个重要的话题

隔代教育在我国是一种非常普遍的社会现象,也是一个常谈常新而又十分重要的话题。客观地说,任何事情从正反两个方面来说都是有利有弊,它没有绝对的优势,也没有绝对的劣处,需要我们面对现实,正确地认识与看待。那么,我们该如何对待隔代教育这个问题呢?

1. 认识隔代教育的利弊

随着时代的发展,目前一些年轻家长或者因为自己的工作繁忙,或者因为离婚而把孩子的教育、生活等全部推给了爷爷辈,这种由祖辈对孙辈的抚养和教育称为隔代教育。

隔代教育的产生也是有原因的。首先,老年人有较多的育儿经验,有充裕的时间和足够的耐心,所以子女们往往把孩子交给老年人看管;其次,子女或者因为工作忙,或者要出差、异地工作,或者婚姻出现一些问题,实在没有时间和精力照顾孩子。

因为以上这些原因,这些离退休的老年人就充当起孙辈教育者的角色。一般来说,老年人带孩子还是有一些优势的。

第一,老年人有充裕的时间和精力,而且愿意与孩子在一起生活,有平和的心态。年轻的父母们往往处在一个竞争激烈的环境,生存压力比较大,很容易将工作当中那种紧张的情绪带回家,造成不太和谐的家庭氛围,带给孩子过多心理压力,妨碍孩子健康快乐地成长。

老年人已经脱离那种激烈竞争的社会环境,心态相对比较平和,加上老年人具有儿童似的心理,这就使得他们特别喜欢孩子,也更容易融入孩子们的游戏,跟孩子建立比较融洽的关系,为老年人实施正确的教育提供了非常轻松和谐的心理基础。

第二,老年人具有抚养和教育孩子的实践经验,对孩子在不同的年龄容易出现什么问题、应该怎样处理,知道的比孩子的父母多得多。

第三,老年人在长期的社会实践中积累了丰富的社会阅历和人生感悟,这是促进孙辈发展和有效处理孩子教育问题的有利条件。

第四,老年人自身有一种童心,极易与孙子孙女建立融洽的感情,为教育孩子创造了良好的感情基础,有利于祖孙两辈身心健康。

然而,老年人带孩子,由于受历史条件和自身年龄特点的局限,不可避免地存在一些不利因素,对此,老年人也应该有清醒的认识。

第一，是容易形成溺爱。老年人多数经常有一种因自己年轻时生活和工作条件所限没有给予子女很好照顾，而把更多的爱补偿到孙辈身上的想法。这种想法往往导致产生"隔代惯"的现象。我们对孙辈疼爱过度，处处迁就孩子，容易造成孩子任性、依赖性强和生活自理能力低下。还有一些老年人因过度疼爱孩子而护短，致使孩子的弱点长期得不到矫正。

第二，是我们老年人思想观念陈旧。许多祖辈家长不顾时代已发生了很大的变化，仍用老观点要求孩子，教给孩子过多的老经验，缺乏开创性精神的培养，对孩子的个性发展有着极大影响。还有一些老年人因文化低、思想旧，无意识地给孩子传授不少封建迷信的东西，无形中增加了孩子接受新思想、新知识的难度。

第三，是造成孩子与其父母的感情隔阂。我们老年人对孙辈的溺爱和护短，造成孩子很难接受其父母的严格要求和批评，还容易形成感情隔阂和情绪对立，使正常和必要的教育难以进行。

2．掌握隔代教育的对策

隔代教育是一种客观存在，因此不管是利还是弊，不管是赞同还是不赞同这种形态，我们都必须正视它，并且让它科学化。作为老年人，我们应该注重从以下几个方面来应对隔代教育可能出现的问题：

（1）统一思想认识

和孩子的父母相比，我们老年人由于出生与成长的环境和时代有着显著的差异，两代人在教育孩子的问题上自然也会存在相当大的差距。

比如，年青一代可能更注重孩子的智力培养、个性发展，他们往往会更多地向孩子传递知识，给他更多自由，让他自由探索；而我们老年人则更看重道德教育，可能就会给孩子更多的约束。为此，在教育孩子的事情上，我们两代人要尽量平心静气，多一些沟通，只有统一认识，才能避免在孩子面前暴露分歧，防止孩子利用这种分歧要挟父母或者祖辈，引发更多的问题。

（2）不要溺爱孩子

老年人过度溺爱孩子成为隔代教育最大的问题，所以我们老年人在养育孩子时最好用理智控制感情，分清爱和溺爱，爱得适度。否则，没有规则的环境不能帮助孩子获得更好的发展，相反，一个缺乏规则的环境反而会带给孩子更多的不安全感。

（3）培养孩子的独立性

孩子不与老年人生活在一起的一个重要原因是为了培养孩子的独立生活能力。父母有时忙起来顾不上孩子，又没有老年人可以依赖，孩子就必须学会处理自己的日常生活。所以，如果我们老年人一定要与孙辈们在一起，那么我们应该注重培养他们的独立性，以促进他们的成长。

（4）当好年轻父母的参谋

当孙子、孙女出生之后，年轻的父母缺乏养育孩子的知识和经验，我们老年人便成了他们的育儿参谋，不但教给他们具体的细节，还要做示范。在孩子成长的不同阶段，我们老年人要提醒年轻父母注意对孩子进行什么方面的教育，如生理、心理、智力等方面。

（5）不做孩子的保姆

现代教育理论认为，祖父母不是保姆，他们应享受晚年的快乐。因为我们老年人的教育观不一定符合现代的年轻人。同时，我们老年人也不能剥夺孩子的母爱，孩子应该有更多时间与父母在一起。如果对他们的成长非常重视，可以经常打电话给他们，询问他们的生活和学习情况，过节或孩子生日时送礼物给他们。

温馨小提示

老年人的观念相对落后，新知识贫乏，是制约进行隔代教育的一大障碍，所以老年人要设法提高教育水平，转变观念，讲究方法，提高素养，懂得现代教育观、人才观。

一般来讲，负责隔代教养的祖辈应具有以下几点素质：

一是身体健康、心态年轻，乐于养育孙辈。

二是不固执己见，没有心理障碍，对孩子有耐心。

三是有一定文化，善于吸收新知识，接受新观念，科学养育。

四是懂得教育方法，不溺爱，不纵容，善于引导。

五是喜欢户外活动，经常引导孩子认识外面的世界。

祖父母、外公外婆要各自定好位，提高自身综合素质，只有这样，才能走出隔代亲教育误区，才能提高教育孩子的整体水平。

第三章　配偶关系的心理融洽

配偶又称"夫妻"。它是其他亲属关系（血亲、姻亲）赖以发生的基础。配偶关系因婚姻的成立而发生。

俗话说"家家都有一本难念的经"，很多夫妻随着结婚年限的增长，反而越来越感受不到家庭的温暖和夫妻之间的温情，还有的夫妻更是难以逃脱婚姻七年之痒的魔咒，让期望中的夫妻恩爱和家庭幸福逐渐变成了不堪重负的精神枷锁。

其实，调适与配偶的关系说难也难，说容易也容易，只要我们遵循平等宽容的原则，一切矛盾都可以迎刃而解。

正确的婚姻观是幸福的根基

有人说"婚姻是爱情的最高潮",有人说"婚姻是爱情的坟墓"。那么,我们究竟应该如何正确看待婚姻呢?

须知,要获得美满的婚姻,就不能将婚姻游戏化。婚姻不像工作那样想换就换,婚姻涉及孩子、家庭等相关问题。所以追求婚姻幸福的年轻人,必须要有正确的婚恋观,这是营造婚姻幸福的根基。

1. 认识错误的婚恋观

人们结婚的理由何止千千万万,很多时候都并不是因为寻求到了生命的另一半。在有些大城市中,离婚率比较高,高离婚率很多是由于婚前没有树立正确的婚姻观而导致。如果你是因为以下原因而打算结婚的话,请千万三思而后行。

(1)为改善关系而结婚

一对恋人相处时间久了,激情就会像加了冰块的红酒,渐渐淡化,可又不愿放弃这段感情与另外一个人重新开始。这时,自然而然就会想道:结婚也许能使两人和好如初。真的会这样吗?不是的。

实际上,这样的事情从来不会发生。蜜月一结束,两人的矛盾会扩大,问题会越来越多。想通过结婚来改善关系,那纯粹是天真的空想。

(2) 因年纪大而结婚

据调查,人至25岁就会开始考虑婚嫁。至30岁,不论多么有事业心的人都要急于找一个生活伴侣。85%的人一生至少结婚一次。每个人都会给自己规定一个婚嫁年龄。如果过了这个年纪婚姻还没有着落,大多数人会感到恐慌。一旦找着一个对象,很容易因害怕失去机会而草率地决定结婚。

(3) 为了孩子而结婚

如果青年女性朋友们本着给自己的孩子找个好爸爸的原则而结婚,将来可能会发现这样选择的人既不适合做孩子的爸爸,又不适合做自己的丈夫。需要记住的是:青年人是有义务给孩子营造一个温暖舒适的家,但这并不意味着一定要因为孩子才结婚。

(4) 为摆脱控制而结婚

据调查,有一半的年轻人因急于要摆脱父母的控制而结婚。基于这种动机,青年朋友很可能选择一个与父母格格不入的人结婚,这是一种逆反心理。

有时认为只有结婚才会使父母相信自己完全长大了。除非要嫁的人真心相爱,一定要知道:父母的关爱只可能给青年们带来幸福,不可能带来灾难。

(5) 迫于压力而结婚

亲戚朋友的旁敲侧击有时产生很大的压力。特别是当自己也存有疑虑,对自己估计不足时,很容易被他人说动。但是,我们要知道,一旦婚姻失败,这些人就会说:"我早就说过不要跟他结婚。"

(6) 一时冲动而结婚

众所周知,因一时冲动而结婚十有八九要失败,但仍有很多人乐此不疲。当一段久经考验的感情结束时，通常需要很长的时间才能平静下来。如果这时有人乘虚而入，成功系数会很大。假设想通过与别人结婚来刺激以前离开的人，别忘了我们自己也许会后悔。因为当他醒悟过来时，你已经成为别人的妻子。

（7）受蒙蔽而结婚

当一个人恋爱时，看到的是对方的优点，对其缺陷往往熟视无睹。没有经过长时间考验，因一见钟情而结婚的人，结局总是不愉快的。结婚后，现实会暴露所有的假象和幻想。

（8）为做新娘而结婚

这作为结婚理由可能有些荒唐，但还是很有吸引力。有的人结婚不是为了与对方永结同心，而是急于尝尝做新娘的滋味。看看满大街的婚纱影楼，这里面的新娘形象，是多少女孩的美妙梦想！另外，对别人的羡慕也可导致对婚礼的渴望。当朋友们一个个举行婚礼，房间里堆满各式礼物，此情此景，很容易让人顾影自怜。

那么，两个人到了何种程度就可以结婚了呢？从恋人发展到夫妻要经历三个阶段。第一阶段是头脑发热的相爱阶段。这时，两人往往只注重彼此相似的地方，对差异熟视无睹。两人均舍弃个性，以求能够在一起。但是这阶段并不会永远下去，从而进入第二阶段。此阶段中，两人都会开始寻求独立，想在不分你我的亲密关系中找回自我，这其中必定会产生磕磕撞撞。最后一个阶段是两人深深满足于对方的阶段。这时，两人均能找回自我，而又确立自己在两人关系中的位置，这就是该结婚的时候了。

2．树立正确的婚恋观

因失恋而失态、失志、失德者虽属少数，但影响很大。对于青年朋友们恋爱所出现的新特点，解决的办法就是树立一个正确的恋爱观，正确的恋爱观对恋爱实践有导向作用，并促进人健康成长。树立正确的恋爱观应从以下几个方面着手：

(1) 遵守恋爱道德

谈恋爱时，遵守恋爱道德的主要内容是相互尊重恋爱自由，彼此忠诚，行为端正文明。举止文明，有分寸，不可随心所欲，无视社会公德。

(2) 处理各种关系

青年人正确认识、对待和处理爱情与事业的关系，主要表现在如何正确认识、对待和处理恋爱和学生的关系，正确处理恋爱与集体活动、社会工作的关系，正确处理恋爱与其他同学团结的关系等方面。肩负重任的青年朋友们应处理好爱情与学业的关系，珍惜青春，把握青春，使青春更美好，更富有积极意义。

(3) 认识恋爱挫折

莎士比亚说过："爱是一种甜蜜的痛苦。真诚的爱情不是一条平坦的道路。"爱情是美好的，但在恋爱中遭遇挫折是常有的事。在处理失恋的问题上，正确的态度是做到失恋不失德、失恋不失态、失恋不失志。

当代青年，应当树立良好的爱情观，正确处理恋爱问题，同时当遭遇恋爱困难时也应以正确的方法来解决，做到堂堂正正地恋爱。

(4) 理性选择婚姻

婚姻必须是理性，而不是激情的结果。爱情之火很容易点燃，不同的事物很容易擦出火花；但婚姻却需要更实际的内容。它是一种伴侣关系，是非常现实的。婚姻必须要"做你自己"，对自己真实，对方也真实。对个人的任何不真实都不可能在婚姻中蒙混过去。

幸福的婚姻需要成熟的人生观、智慧的支持，我们要至少能够展望在激情淡漠以后，是否能够承受锅碗瓢盆的实际生活内容。在婚姻前就不存在浪漫的幻想的婚姻通常稳定、幸福。浪漫的幻想是文学家的特权，而理性地思考生活、浪漫地投入生活才是我们的特权。

婚姻是一个人生成长和学习的过程，也是对我们回归自我核心的一个艰难历程。在这个过程中，我们会真正明白，什么是属于你自己的、是无法抛弃的，什么是虚幻的和主观的美好愿望。成熟后的体验，通常在事件平静之后才能静心品尝。从这一点来说，也许离婚、情变、痛苦，对女人的成长并非是坏事。

但是，如果不能够将生活的视角放大到看得见生命的全景，这些痛苦没有任何意义。改变一个婚姻、换一个伴侣并没有解决自己的实质问题。真正的成长不是通过改变外界，而是通过内在的觉悟。

温馨小提示

亲爱的朋友，树立正确的婚姻观是要以正确的恋爱观为前提的，那么如何树立正确的恋爱观，应注意以下几点：

1. 不要只注意恋爱过程而轻视恋爱结果

现代人流传着一句顺口溜"不求天长地久，只求曾经拥有"。一些大学生把恋爱当作一种感情体验及时行乐，寻求刺激，满足精神享受；一些大学生为了充实课余生活，排除寂寞，填补空虚，把恋爱当作一种消遣文化。这种行为实质是只强调爱的权利，而否认了爱的责任。

2. 处理好学业与爱情

真正在客观上、行为上能够正确处理好学业与爱情关系的青年朋友虽然也有，但不多。更多的是一旦坠入情网就不能自拔，强烈的感情冲击一切，学习同样受到严重影响。很多大学生在不知不觉中变得"儿女情长，英雄气短"，成就事业的热情一天天冷却，爱情逐渐成为生活的唯一追求。

3. 恋爱观念开放，但也要注意传统道德

随着时代的发展，当今大学生恋爱观念日益开放，传统道德逐渐淡化。虽然我国传统文化及伦理道德对大学生影响较深，但随着对外开放的范围不断扩大，大学生的恋爱观也逐渐变得开放起来。此时不可将传统道德弃之不顾。

4. 加强失恋的承受能力

大学生中有情人虽多，但同眷属者少，这样就产生了一批失恋大军。万一失恋了，要及时调整状态，及早振作起来。

夫妻默契是和谐的润滑剂

默契，就是相互间心领神会，它是家庭和谐的润滑剂，也是一种良好的境界。

建立夫妻的默契，其中所蕴含的技巧和尺度，是需要聪明的女人和男人去细心体会和领悟的。对此，学会表达，学会换位思考，学会倾听，便是构建夫妻间心灵默契的重要因素。

1. 学会幽默

夫妻间能够营造幽默气氛，往往难得，这样的夫妻一定性情相融，浑然天成，或是经历磨合而达至境。

有些夫妻天生容易陷入争吵、冷漠或是平淡之中，这种夫妻之间，幽默气氛难形成，败趣常有，话不投机，心生厌烦，甚至恶语相向。

因为幽默是天然的，也是来自一种共同享有的境界，比如共过患难的夫妻或是素质好、心态好、磨合得好的夫妻，往往容易自然产生幽默感。

幽默是一种素质，更是对生活、人生、社会等喜剧意味的敏感，境由心生，幽默是好夫妻才可拥有的一份轻松与和谐。懂幽默的夫妻，往往少了许多的争吵和烦恼。

2. 互助共济

夫妻双方既然共同构建和组合了一个家庭，就应当是有情有义的互助共济的关系，在漫漫的人生长河中，我们可以脱离父母，远离亲戚朋友，唯独夫妻才能做到日夜相伴，终生相携。

关系不好的夫妻可能互不关心，相互恶视，但好的夫妻却总会贴心知意，互相关心，互相爱护，相携相拥。

事实上，许多男女在恋爱时，会情不自禁或是有意要表达自己对另一方的关心爱护，但结婚后，就懒散懈怠或是倦于如此，或是压根儿就认为这样做多余，这样的夫妻相互间的联系必然松散，甚至会把婚姻真当了爱情的坟墓。

默契的夫妻会经常性地相互嘘寒问暖，这不是有意地讨好，而是发自内心的情感需求。因为当一方关心对方时，她（他）内心的情感才能得到一种自助式的满足。

3. 相互关爱

夫妻间要能同甘共苦，患难与共。特别是当一方有个三病四痛，健康的一方必须要多付出一些，要把对方照顾好，不仅要在吃药、打针、陪伴、饮食等方面，细心周到，有时还得不怕苦、不怕脏。

默契的夫妻总是在这种时候，把一切做得自然而然，自己病了会相对地无所谓，而对方病了，却高度重视。

那种对对方的病痛不关心的夫妻，又怎么能不陷入冷漠，最后落得同床异梦、离心离德的结局呢？

付出了才能得到，许多时候，我们只想贪婪地得到更多，却不愿意真心地付出，最后往往什么也得不到。

4. 同舟共济

人生不如意者常八九。并不是说好夫妻必定都是处于顺境之中，要风得风，要雨有雨。

但好夫妻更懂得共同面对失意、失败、灾难等，特别是一方在人生或事业上失意，另一方要勇于担待，大度包容。

劝导对方要讲究方法，而不是凭自己好恶，埋怨、挑刺，甚至咒骂，横挑鼻子竖瞪眼，随口说出打击人的话、让对方丧气的话、轻看对方的话，而总是讲究方法，开导对方，用实际行动支持对方，给对方信心和勇气，在说话做事上，避免伤害对方自尊，宁愿自己多受一些委屈。

总之，夫妻之间的默契是通过关爱、互助、语言甚至是同舟共济等种种磨合才能得到的，它需要双方共同不懈地努力，才能趋于完美。

温馨小提示

作为夫妻，你要想和自己的另一半做到默契，还应该做到以下两点：

一是互相信任。信任是默契的基础，有了这种默契，会让夫妻之间极少猜疑，这种态度，会极大地形成一种自信心和对私密信息的保守，让夫妻双方对婚姻珍惜并相互信赖。

二是互相尊重。夫妻间过于黏糊，就容易生怨，一点亲密感都没有，又很容易产生隔膜。夫妻之间应该亲密却不失礼，相互尊重对方，相敬如宾。

或许，许多人以为夫妻间不可能相敬如宾，而事实上，这种相敬如宾的情况在生活中也不难发现，这种尊重体现在注重对方的感受、维护对方的自尊、征询对方的意见、在生活上关心对方等。

从亲密到默契，意味着婚姻进入了一个更稳固的阶段。其中所蕴含的技巧和尺度，是需要聪明的夫妻去细心体会和领悟的。

良好的沟通是增进关系的前提

现代社会竞争激烈，人们的生活压力和工作压力都比较大，家庭本应是减压的最好场所，但如果夫妻间不能良好沟通，压力得不到化解，就会造成偏执的想法，极容易导致夫妻之间的矛盾。

夫妻沟通是人际沟通的一种，人际沟通与人际关系如同一块硬币的两个面，相辅相成。良好的沟通是增进夫妻关系的前提，也是创造温馨家庭的重要基础。

夫妻沟通最重要的原则是真诚，缺少真诚，就不会有真正的沟通；缺少真诚，还容易产生沟通的误区。无论是夫妻的哪一方，进入这些误区，都难以进行良好的沟通。

1. 认识夫妻沟通的误区

夫妻沟通的误区一旦产生，必然会对夫妻关系产生极大的危害。因此，夫妻双方都应该设法避免以下误区：

（1）都想说服对方

沟通是两个人的事情，夫妻之间的事情没有那么多的对与错，更不要争谁胜谁负。如果在沟通中抱有这样的心理，沟通肯定会出问题。这种沟通违背夫妻相处需要相互尊重和平等的原则，不少夫妻都希望压倒对方，或控制对方，或改造对方。这样，一方居高临下，对夫妻沟通极其有害。

（2）不得罪他人

只讲"面子"，不讲"里子"。例如，丈夫宁可得罪妻子，不会去得罪他人，如自己父母、长辈、兄妹、亲戚、朋友等，这损害了夫妻联盟，容易破坏夫妻认同感，进而破坏夫妻沟通的良好气氛。因为婚姻的基础不仅是两颗心的结合，首先必须是两个人的结盟或夫妻一体。

（3）相互不讲客套

相信结婚后他（她）会爱自己一辈子，天天生活在一起，以为互相知根知底，用不着多说，一家人不必那么客套，但其实不然。必要的客套和礼貌，对对方来说是尊重，同时也可以让对方感觉到温暖。

（4）不愿多费口舌

我们一个眼神就够了，何必浪费唇舌呢？有这种想法的夫妻会认为对方理解自己是理所当然的事情，相信对方能心领神会，不用自己去做过多的解释说明。其实，夫妻之间应设法让对方明白自己的意思和想法，至少不要误解自己，直白而不过分。应学会让对方了解自己的内心感觉，不要让对方暗中摸索猜度。

（5）遇事不爱商量

"遇事不商量，办事不透明"的矛盾在夫妻关系中时常发生。虽然夫妻生活在一起，已经熟悉了对方的行为方式，但是没有商量的先斩后奏会给夫妻关系带来不良的隐患。为了减少不必要的分歧和冲突，事前多和对方商量是成熟和理智的沟通态度。

（6）忽视双方差异

双方差异很多，例如性格的差异。如果妻子很喜欢讲话，常批评丈夫无能、不负责、做错事，在妻子面前丈夫就更不愿讲话了。沟通困难往往是两个人互动的结果。

（7）超理智的沟通

有些人的思维比较缜密，或者更能客观地对待问题。但是婚姻中，头头是道的分析有时候并不能让对方感到舒服，其实对方要的不过是一句真情的话，或者是安抚而已。

（8）不能心平气和

心平气和的交流是有效沟通的保障。夫妻一方表现出居高临下的气势和指责的口吻，再有耐心的爱人也会产生抵触心理；有些夫妻在婚姻中表现出一味地讨好，隐忍地生活，隐藏和压抑了很多问题很可能会导致未来问题的爆发，对夫妻关系产生不可挽回的伤害。

2．夫妻真诚沟通的方法

夫妻真诚沟通的前提是，夫妻双方都重视家庭中的沟通，并通过沟通把自己的爱和内心的善意恰当地表达出来，让家里其他的人了解自己的爱心和善意。

（1）要学会倾听

倾听是指站在对方的立场上，用心去了解对方所表达的意思。不只包含听到对方说什么，还要体会对方话语里蕴含的意义。注意到其手势、表情、声调、身体语言，然后对于所听到、观察到的，给予适当而简短的反应，让对方知道你在听，也会让对方感受到被尊重。

（2）多给予鼓励

在沟通的过程中随时用欣赏的目光或语气鼓励对方，能够对沟通产生积极的效果。随时为两人的情感亲密度加温的沟通，可为夫妻之间的和谐美满打下深厚的基础。

为了维护良好的婚姻关系，夫妻双方必须做有效的沟通，而沟通是需要学习的，如何通过沟通化解因男女差异而产生的矛盾是很重要的。

（3）表里要统一

当你心里的想法与表达出来的信息一致时，一方面可能让你照顾到自己内在的需求，不会委屈和压抑情绪或有戴面具的感觉；另一方面让配偶知道你到底要什么，才能重视你的问题。这样的沟通，才能顾及双方感受。例如，有些配偶表面上回答："没关系""都可以""看你想怎么做"，实际上内心另有其他想法。

（4）别急着辩驳

不论你听到什么，不管对方的表达内容是对是错，先别急着辩驳或去指正，试着去了解对方的感受，才能够使他放下防卫，弱化个人的坚持，进而聆听你所说的话。认可对方并非表示同意对方的观点，只是表示你能够体会到他的个人感受。

假若你的他表示："我受够了，你老是对我挑三拣四。"若你回答："我不是挑剔你，只不过是想要告诉你如何正确地保持干净罢了！"这一番听起来无伤大雅的话，可能会引来一次争吵，因为这句话否定了另一半的实际感受。

若能认可对方的感受而回答："我看得出来我的唠叨、挑剔令你心情不好，真的很抱歉让你这么难受。"另一半唯有感到你接纳他之后，才会愿意聆听你的心声。另外，通过观察另一半传达的信息及其背后的真正用意及深为愁苦的烦恼，才能逐渐接纳对方。

（5）表达要清晰

说话者要尽可能把自己的感受与期待清晰明确地表达出来，简单、具体、明确，能让对方抓住你要表达的重点。

每个人的内在状态有如水面下的冰山，并不容易让别人了解，除非你愿意表达出来，告诉配偶你的内在感受、观点、期待、渴望与需求，能让配偶了解你的内在状态。

许多人习惯于表达看法，但只停留在表面的事件讨论及问题解决，很少把真正的感受表达出来，而表达感受却是让对方了解你的重点所在。

(6) 使用中性言语

沟通的目的是希望自己的信息能被尊重与接纳，如果用具有伤害性或批评性的方式来传达，对方会产生巨大的防卫心理，可能会引起对方的负面情绪，这样会让双方陷入情绪化的互动中，失去沟通的目的。

(7) 别争论是非

沟通的目的在于交换信息以解决问题，增进了解或促进关系。但是夫妻沟通时，常把注意力放在谁是谁非上，意见的沟通变成意气之争，沟通时若不能对事不对人，则容易造成彼此的伤害。而沟通时无法就事论事，主要是受到思维方式的影响。

记住，沟通时要听听彼此内心的期待与渴望，不论对错先别急着辩驳，试着了解对方的感受，告诉对方你听到了什么，避免彼此产生不必要的误解，想想沟通的目的何在，从而创造双赢的夫妻沟通效果。

温馨小提示

在与自己的老公或妻子沟通时，首先要抱着一颗诚恳的心，所谓的沟通应该是人与人之间平等的信息交流和感情交流过程。简单地说，沟通是你来我往、礼尚往来、投桃报李，相互交换信息和交换感情。

沟通有多种方式，最直接的就是坐到一起面对面交谈，沟通之前要能够知道问题所在，要有和谐的谈话气氛，比如一起做家务、一起逛街，或者在一起看电视的时候。

记住，不要一味地说出你的想法，一定要让他（她）说出自己心里的想法，这是真诚沟通必不可少的步骤。

另外，也可以利用出差或他（她）不在家的时间，在电话里聊。这是一种很有用的方式，你可以试试！

不要让夫妻间的吸引力减退

恋爱期间，热恋的男女片刻难分，如胶似漆。然而，婚姻如画，岁月使它慢慢走向平淡。物质的质朴会逐渐替代梦想的富丽，锅碗瓢勺交响曲也使燕语呢喃般的情语渐行渐远，神秘不再成为维系两个人感情的一块磁石，生活纠葛的刺棘开始冒尖于爱的芳草地。不久，夫妻的相互吸引力减退，感情危机开始笼罩原本是浪漫和谐的爱情生活，各种家庭问题也陆续粉墨登场。

人们不禁会问，一场好好的爱情喜剧为什么会走上末路，到底是哪些原因造成了夫妻的感情危机呢？

1. 了解夫妻感情危机的原因

（1）不良个性的影响

夫妻生活在一起，仍需保持各自的个性。一个缺乏个性的丈夫不会得到妻子欢心。同样，一个缺乏个性的妻子会使丈夫觉得味同嚼蜡。恶劣的个性脾气是造成夫妻冲突的重要原因。

（2）相互间的反感

这种情况表现为，你不要看我，我不要看你，双方各自为政，互不干涉，对一些必须合作的问题，往往采取旁观、冷漠、嫌恶的态度。

（3）彼此间不忠实

一方的不忠实，往往会连锁性地引起另一方的怨恨，甚至以同样不忠实的行动来报复对方，最终陷入相互猜疑的泥坑中而不能自拔，这时再后悔就来不及了。

（4）性生活不和谐

人们往往对和谐的性生活不以为然，实际上，和谐的性生活在促进家庭稳定、维系夫妻关系中占有十分重要的地位。很多夫妻的感情不和，实际上是由此促成的，只不过"感情不和"比"性生活不和"来得更文质彬彬些，使人容易接受。

（5）收入处理不当

家庭的经济收入问题，常常影响夫妻之间的感情，成为夫妻冲突的导火索。家庭经济状况要做到量入为出、合理使用。实际上，这并非是一个钱多钱少的问题，主要在于对钱的态度，以及如何安排。夫妻双方一旦在钱的问题上纠缠不清，夫妻感情势必受到影响。

2．夫妻相互吸引的要诀

生活告诉我们，夫妻间的相互吸引像恋人间的相互吸引一样重要，这种相互吸引不仅能孕育出爱情的新花，而且能结出生活的甜果，给家庭以和谐和快乐，给伴侣以愉悦和惬意。

这种相互吸引不再由恋爱时的那种彼此对对方的神秘感所产生，而是由心灵上的共鸣和心理上的变化及满足来产生。因此，要想使爱情之树常青，使爱情花开不败，增强夫妻间的相互吸引，是很有必要的。

（1）夫妻相互信任

夫妻间的相互吸引是与相互信任成正比的，很难设想一对夫妻相互猜疑、各自设防，能够恩爱美好。

相互信任是爱情的基石，夫妻间要想毫无梗芥、彼此信任，就需要相互了解，无所不瞒。比如谈谈自己一天或一段时间内的见闻和所做的事，让对方了解自己，让对方了解自己所思所想和所作所为，本身就是一种信任，同时还要做到互不猜疑，哪怕是听到一些令人尴尬的流言和谣传，也不要轻易地动摇对爱人的信任。

总之，要通过体贴入微的关心、理解、照顾与帮助，来体现这种信任。只有这样，夫妻恩爱之琴弦，才能在信任的音箱上发出和谐而甜蜜的音符。

（2）继续追求事业

爱情作为一种社会的情感，注定要受到经济、文化诸多因素的影响，不可能与世隔离，孤芳自负。爱情是事业的动力，事业是爱情的升华。

希望爱人一定要成为强人的人未必有多少，但任何一个对社会有责任感的人，都希望自己的爱人对社会给予关注，有较强的事业心，对事业有不断的追求。

因此，婚后的夫妻整日卿卿我我，把自己封闭在个人家庭的小圈子之中，爱的温度是难以持久的。事业中有了新的目标，夫妻可以在共同的追求中，不断加深理解，共同克服困难，以给情感上的交融带来新的机会。

（3）注重情感交流

妻子洗衣服，丈夫去帮一把；丈夫伏案写文章，妻子送上一杯热茶；夫妻之间传递信息，表达感情的方式多种多样，看起来似乎微不足道的区区小事，只要能经常地出现在家庭生活中，都能在夫妻之间增添一份柔情、一丝欣慰。赞美对方，肯定或提醒对方，一个赞许的眼神，一丝快慰的微笑，一句温情的表扬，都会给对方带来陶醉。上下班前后，分别之时，来一声温存的道别，都会在爱人的心中荡起爱的涟漪，使对方感受到他（她）在自己心中的地位，产生一股满足感。

（4）给爱留出空间

两性结合是感情、生活的结合，而不是个性、人格的溶解，更不是彼此的影子，因此不要形影不离。否则，就像不停吃东西会使人丧失食欲一样，老黏在一起也会兴趣索然。男女双方各有自己的朋友和嗜好，才能有更多的话题。在分开的时候，才会想念对方。彼此适当地给对方一些空间，让其去渴望、去充满柔情地等待，可以增加夫妻间的新鲜感。

（5）适当修饰自己

爱美是人的天性，无论男女皆然。婚后的夫妇，要防止在刻板、重复的家务中和朝夕相处的平淡中，把婚前的情绪和志向变得荡然无存。要注意修饰，特别是女性成家之后，决不能把对家庭的奉献与牺牲，视为自己唯一的人生意义和义务，忽略了更丰富的生活追求。一头扎进厨房，扮演"老妈子"的角色，变得无欲无求，或者不修边幅，将会变得苍老而呆板。

即使是到了中年，甚至进入老年之后，由于男女生理上的原因，男子的魅力期比女性久远，这时更需要主观的努力，用更深的爱与新的理解，去寻求双方的共同点，重塑自己的风采。谁也不可能红颜常驻，但"先天之美虽有失，人工美则足补偿"，得体的淡妆与服饰，加上端庄典雅、大方，仍给人以光彩照人之感。气质虽有天生丽质一说，但更在于后天培养。

温馨小提示

夫妻之间若想做到相互吸引，还必须做到以下几条：

（1）增加异性特征

不知你有没有这样的体会：某一天爱人穿了一件很得体的新衣服，你会眼睛一亮，甚至产生"似曾相识燕归来"的感觉。其实，爱人还是老样子，可在你心理上却产生了一种新鲜感，这种新鲜感就是一种吸引力。

（2）增加感情积累

即使你同爱人相处一般，一旦其中一人远行归来，你就会感到关系似乎好了一些，所谓"小别胜新婚"。如有条件的话，有时还可以采用人为的暂时分离来调节感情。

（3）增加生活色彩

夫妻间的别离总是有限的，在日常的朝夕相处中调节感情的有效方法则是丰富生活的色彩。每隔一段时间，去郊外远足，去海滨游泳，或去别的地方调剂一下生活。

（4）增加性的和谐

所有的家庭问题专家都认为，和谐的性生活是强化夫妻感情的黏合剂，不少夫妻矛盾都同性生活不和谐有关。性生活的作用不可忽视。夫妻间正当的性要求，应尽可能满足；经常冷淡对方的要求，会疏远夫妻间的感情。

培养共同爱好有利于保鲜爱情

岁月让婚姻和爱情走向平凡，对于一对志同道合的夫妇来说，他们需要一如既往地用心灵、用智慧、用双手去创造新的爱情生活，使爱情得到长期的保鲜。

培养共同的爱好，就是保鲜爱情的一种重要方法。兴趣爱好是人的一种踊跃自动的感情偏向，是对某一事物感到爱好和关心的情感。

夫妻要携手走过漫长的人生之路，有必要培养一些共同的兴趣爱好，例如看书、听音乐、看体育比赛项目、外出旅游、娱乐等，这样当两人相处久了，开始出现审美疲劳时，共同的兴趣爱好，就可以使生活不至于乏味。

那么，夫妻如何培养共同的兴趣爱好呢？

1. 了解对方的缺点和喜好

夫妻之间矛盾升级常常是因为二人相处久了，彼此对许多事情变得漫不经心，不愿主动对对方进行了解和关心，对对方的兴趣爱好视而不见，对对方的缺点任意地夸大，缺乏相互理解和心理沟通而导致的。

天下没有完美的婚姻，只有不用心去经营的婚姻。夫妻之间与其不断地抱怨，不如静下来好好地想一想，自己究竟在抱怨对方的什么缺点，为什么这些缺点在你的长期抱怨下，不但没有改正反而变本加厉了。知己知彼，才能百战百胜。为了节约口水，提高效率，我们不妨先检查自己，看看自己哪些方面做得还不够。

什么时候你们就家庭事务进行了最后一次的交谈？

你们在哪些问题上交谈得比较愉快，二人对哪些事情表现出了共同的兴趣？

你们是否愿意单独相处？

你们是不是除了必谈的家庭琐事，就无话可说？

你们爱读哪类型的书，爱看什么电视节目？

你们是否知道对方的兴趣和爱好，是否对彼此的爱好表示理解？

对方做什么事情令你最反感，你干涉得最多？

你做的什么事情让对方看不惯？当对方给你提建议时，你是大发雷霆还是置之不理、嗤之以鼻？

是你的另一半糟糕还是你对（他）她的要求过高？是你自己改变了，

还是身上的优点消失了？

你有没有像对方对待你那样，去对待他（她）？

弄清了这些问题，你再仔细想一想，你是如何对待对方的爱好和兴趣的，尤其是他（她）那些与你的选择完全不同的爱好和兴趣。

2．培养共同的兴趣和爱好

当你明白了自己的问题后，也许觉得应该换一些方式去对待对方的兴趣和爱好了，因为你只需改变那么一点点，让那么小小的一步，你就会赢得更多。

（1）尊重对方的爱好

夫妻的和睦很大程度上体现在双方都可以自由支配自己的业余时间。

如果你喜欢做你自己喜欢的事，那么，就请尊重你老公（妻子）的个人爱好，不让他（她）因为你的干涉而失去做他（她）自己喜欢做的事情的权力。

每个人都有自己的休息方式，有些人喜欢用另一种工作来代替休息，有些人喜欢读书或看一些合他个人口味的电影或电视节目，也有一些人喜欢独自静一静。

当对方独处时，并不是在逃避你，而是希望自己独处，希望在自己的那个私人空间里待一待，如果你聪明的话，那么你就不要去干扰，应该允许对方有一个小小的空间。

（2）培养共同的兴趣

怎样培养共同兴趣呢？首先要善于发现。从爱的目的出发，挖掘生活中的共同话题，在加强交流的同时，善于发现和发展共同的爱好，最好的也是最有效的办法就是远离尘嚣，回归自然。归纳起来要做到"六多六少"：

一起散步多一些，看电视少一点；自己做饭多一些，下馆子少一点；

看望老人多一些，打麻将少一点；结伴郊游多一些，串门子少一点；互相扶持多一些，抱怨少一点；沟通交流多一些，钻牛角尖少一点。

人们都说，爱一个人就要包容他的一切，包括他的过去、现在和将来，这话说起来容易，做起来是很难的。既然两个人生活在一起了，努力培养共同的兴趣爱好，虽然要牺牲一些个人的活动空间和爱好，而且还可能去做自己不喜欢的事情，但这比起将来发生很难调和的矛盾，不知道要好多少倍。

温馨小提示

培养夫妻的共同兴趣爱好，有助于家庭的和谐团结。但如果你和另一半实在难以培养出共同的兴趣爱好，你也不必太在意，更不应感到苦恼。因为人们的生活环境、文化修养等都是不尽相同的，这决定了人们的性格、爱好也会不同。

当然，共同的兴趣爱好或许更会使爱情之花芬芳艳丽，但是，没有这种共同点，也不一定会使爱情之花枯萎。所以，假如爱人与自己兴趣、爱好不同，你应处理好这种关系。

首先，你要懂得，一个人的兴趣、爱好是由心理品质等诸多因素决定的。因此，不能要求对方马上改变自己的兴趣、爱好，更不能把自己的兴趣、爱好强加给对方，强加的结果只能是适得其反。因此，要在彼此平等的基础上尊重、适应对方。长此以往，夫妻之间的兴趣爱好很可能趋于平衡，而达到心理上的协调和相通。

其次，相互学习，培养广泛的兴趣爱好。一般说来，一个人的兴趣、爱好反映了一个人的素质，体现了一个人的情操格调，所以，作为青年人应在很好地完成本职工作的基础上，多学一点东西，以此来弥补自己阅历和知识方面的不足，丰富自己的人生。爱情虽然是以心心相印为基础的，但如果双方都有广泛的爱好和高雅的情趣，就会使爱情锦上添花。培养广泛的兴趣、爱好的最好办法是，在条件允许的情况下，参加各种各样的活动，在活动中培养双方共同的兴趣、爱好。

总之，当你和爱人兴趣爱好不同时，不要为此焦虑，在顺其自然的同时，努力适应对方并增加自己的兴趣、爱好。

正确看待夫妻的事业追求

爱情是事业的动力，事业是爱情的升华。任何一个对社会有责任感的人，都希望自己的爱人对社会给予关注，有较强的事业心，对事业有不断的追求。

1. 不同类型的事业夫妻

由于观念的不同，夫妻对事业追求表现有所不同，具体有以下几个类型：

（1）并进型夫妻

有的夫妻非常热爱各自的事业，两个人的工作领域、兴趣爱好和价值观较为一致，能够追求事业的共同发展；女人对问题的思考比较理性，能够很好地区分工作和家庭，不会把双方在工作中的矛盾和意见带到家庭生活中。他们的性格和能力互补，相互合作能够更好地推动双方的事业发展。

（2）主从型夫妻

有的夫妻受传统思想的影响，认为事业在夫妻间只能属于男子一方，女人一生只要嫁个丈夫尽其相夫教子的本分并发挥其帮夫运的本能,让家业和丈夫的事业均有所成就,则成为足以令人称羡的"成功男人背后的伟大女人"。

(3) 女强型夫妻

现代社会的职业生涯发生了巨大变化,女人有自己的定位、职业发展道路,还有属于自己的成就,她们希望能够发挥个人才能及自立生存本领,展开自我奋斗及开发高度潜能,依靠自我努力以谋求个人事业成就,在面临老公的事业和自己的事业关系的问题上,她们潇洒地选择现代女人职业生涯模式,用自己的智慧和能力与丈夫遥相呼应。

2. 各类夫妻的注意事项

(1) 并进型

一般这种类型的磨合期较长,分寸难以把握。女人最好要看清楚:双方虽然是工作和生活上的亲密伙伴,契合程度也很高,但每个人都是独立的个体,都会需要有一定的个人空间和时间,应该注意在彼此之间保持适当的距离,不要将自己的意见强加给对方。

(2) 主从型

一般这种类型有很强的局限性。女人最好要看清楚:站在他的身边绝对支持是对老公最大的鼓励,但是为了两个人长期的发展应该搞清楚在什么时间做什么事,一段时间的牺牲自己是为了辅助老公更好地发展事业,老公的事业渐渐步入正轨后,你也应该有自己的职业方向和目标。

(3) 女强型

一般这种类型家庭的女人最好清楚,虽然自己不会因为对双方职业的意见不同而和丈夫产生冲突,但也往往由于忽视沟通和对对方的职业缺乏了解导致误会和矛盾。另外,如果其中一方发展得过快而另一方的发展远远迟滞于对方，就容易因为双方职业上的发展不平衡而引发家庭矛盾。所以，这种类型家庭中的女性应该注意协调双方职业发展的步伐，加强夫妻间的交流。

温馨小提示

夫妻在对事业的共同追求上，应该从家庭的具体情况出发，找出成就事业的最佳方案。不少有成就的人都有这样的体会，工作时间是成就事业的主体时间，业余时间是造成事业突破的最佳时间，不少美妙的构思、突破性的灵感，都是在饭后睡前的时间内获得的。对于成了家的人来说，这一最佳时间往往要被家务劳动所占，有时还要被彼此不同的习惯、爱好所分割。如不少家庭住房窄小，甚至只有一张写字台，同步工作无法进行，影响了事业的发展。

这就需要夫妻在事业上寻求同一方案，所谓同一方案即夫妻俩设法把爱好与事业理想统一起来，如把写作当作两人的同一志向，或把科研当作两人的统一攻关课题，这样变并进型为互相型夫妻，有利于统一思想，统一时间，消除摩擦。

另外，夫妻还应该在时间上施行调配方案。夫妻俩都能在事业上有所成就，无疑是很好的，然而在实际上又往往难以做到，这就需要我们突出一方，牺牲一方，即夫妻间不是按性别而是按才智，来确定谁当事业的攻关手、谁当助手。

当助手的一方当然要做出一点牺牲，然而这点牺牲却能换得另一方事业上的成功。比如鲁迅在经济拮据之时，夫人许广平曾想外出工作，但她和鲁迅商量后觉得这样做会影响鲁迅的写作，得不偿失，便放弃这个想法，甘做配角。

只有两个人互敬、互爱、互助，并且都有牺牲精神，家庭生活才会和美，事业成功才有望实现。

学会与事业型的丈夫共处

事业，是一个男人生活中必不可少的，事业是大多数男人生活的重中之重，事业可以证明他的价值，可以获得同事的尊重，可以让家人过得幸福，可以让朋友刮目相看，也可以实现自己一生的理想。热衷于追求事业成功的男人就是我们日常生活中所说的事业型男人。

为了事业，事业型的丈夫常常会放弃和家人、朋友、同学在一起的时间，对自己的关心也很少，他们的心思大多集中于自己所从事的事业，在奋斗拼搏中寻求快感。

女人是一种很矛盾的动物，既现实，又感性。女人希望自己的老公能出人头地，又不愿意自己的老公只顾工作而忽视家庭，这种复杂的心理矛盾时常会困惑女人。那么该如何化解这种矛盾呢？

1. 善于与事业心强的丈夫交流

大多数男人和女人对爱情、对婚姻的看法都不一样。在女人的心目中，"执子之手，与子偕老"，是婚姻的最高境界。男人却信奉"好男人志在四方"，相信"两情若是长久时，又岂在朝朝暮暮"，男人和女人对家庭对婚姻的不同看法，是导致很多家庭问题产生的直接原因。

（1）让丈夫知道你的不满和想法

大多数情况下，男人以太忙为理由不关心女人，这个理由是靠不住的。因为女人要的关心其实很简单，也许只是一个电话、一句话而已。这并不需要很多时间。尤其是现在这样一个信息无所不在的社会，至少他有给你打电话的时间。试想，处理工作上的事情，约会朋友，一天他要打无数个电话，却没有时间给家里打个电话。所谓的没有时间打电话，不过是觉得打给家里的电话不太重要而已。要做一个聪明的女人，要知道自己的需要，尊重自己的感受，也要懂得如何让自己的老公明白自己想要的，将心比心地与老公沟通，让老公知道自己的不满和困扰。

时间都是挤出来的，重视爱人与家庭的人，自然会预留时间给爱人和家人。其实，对于男人来说，不是每一次应酬都必须参加，或者无法拒绝，只是因为他根本不想拒绝，根本就很想参加而已。

所以，老公的忙碌让你无法忍受的时候，你可以心平气和、理直气壮地告诉他："你处理不好工作和家庭的关系，会造成我们关系紧张、家庭失和，我不喜欢这种生活。"

（2）让丈夫花时间来思量你

在婚姻中，男人工作繁忙，女人就会觉得自己被冷落，会产生一些悲观的想法，甚至会被消极情绪蒙蔽了双眼。这种时候，倘若你对婚姻有信心，要相信婚姻是两个人的，并没有什么不可解决的问题。老公没有时间，你就应该豁达一些，根本没有必要一定为他等待，不妨多参加一些活动，丰富自己的生活，充实自己，让自己个性十足，更加美丽动人。这还会让你的老公心甘情愿地挤出时间来思量你，为你鞍前马后。

2. 学会做好事业型丈夫的贤内助

家庭生活真是千姿百态。有的家庭因为丈夫胸无大志，整天沉湎于小家庭生活，而引起许多烦恼。有的家庭却因为丈夫专心事业，无暇顾及妻儿家庭，而引起不快。面对后一种情况，该怎么办呢？

（1）下班后给他安静

妻子要多站在丈夫的位置上想想，人到中年，经验丰富，思想成熟，正是大干一番事业的时候。能当上一官半职，证明他有发展潜力，他若不好好地"为官一任"，就会被淘汰。因此，事业使他专注其中，无暇顾及妻子和家庭。忙一天回家才有空休息一下，当然希望宁静些，多半不想陪妻子出去散步，听她发牢骚。这时，妻子可以换一种方法与丈夫相处，如给他泡杯热茶或是榨上一杯鲜果汁，让他静坐片刻，慢慢享用。丈夫就能从这些安静细微的举动中感受到妻子真诚的理解和关心，也就会回馈妻子，尽可能地陪伴妻子。夫妻感情也会在这样平静无声的交流中慢慢沉淀、加深。

（2）理解他的沉默

丈夫工作繁忙，压力大，精力消耗多，身心疲惫，因此妻子要多关心他的饮食起居，体谅他的情绪变化，理解他的沉默寡言。这时，妻子的笑容、柔情、关爱和早已准备好的美味佳肴，便是对他最好的滋润、默默的爱恋和有力的支持。

（3）定时沟通交流

你们毕竟是夫妻，丈夫工作再忙，也应抽空关心妻子，满足妻子的合理需求。即便不能每天都出去散步、谈心，至少要十天半月一次。还有性生活的保持，共同参加朋友聚会等。丈夫在这方面的表现，也是夫妻关系的"晴雨表"。

（4）别整天闷闷不乐

兴趣爱好能充实妻子的大脑思维，填补她的空虚无聊。当她的生活变得丰富多彩时，对丈夫的依赖和胡思乱想就会减少。其实，有些妻子顾虑的感情疏远，并不是丈夫不忠，大可不必庸人自扰。当妻子把自己变得活跃与忙碌之后，心态自然就会改变。丈夫看到妻子不再整天闷闷不乐，他也会高兴起来的。谁也不愿意整天看到愁眉苦脸的怨妇，快乐的笑容能感染丈夫的情绪。

事业型男人之美，体现在其在悠闲的时间还要学会享受生活，要信奉那句话"会休息才会工作"，在他们最有闲情逸致的时候，他们会到安静或者伴有轻音乐的场所独自喝杯咖啡，静静地接受悠闲音乐的洗礼，洗去自己一身的疲惫。

温馨小提示

面对事业型的丈夫，作为妻子的你应该怎么做？为此我们提出以下建议：

一是女人要分析，到底是什么原因让男人更愿意待在单位而不愿意待在家里。如果是自己管得太多让男人感到窒息，那么就要学会给丈夫多一些的个人空间、多些自由，不要在无意中把丈夫往外面赶；如果男人只是偷懒或是家庭责任感欠缺，女人就应该让男人多参与和担当应尽的家务。有些家务事完全可以让他做，做多了就习惯了，有时你还要让他觉得家务事离开他不行，这样他就不会待在单位无事瞎忙，就会早早地回家，因为心里惦记着那些家务活。所谓的工作狂也就这样不攻自破了。

二是女人要多跟丈夫沟通，让他知道你真正的想法，家里需要钱，也需要情，你需要他的关心，不只是金钱上的，更是情感上的；家里的老人需要他的关心，也不仅是金钱上的，更是心理上的；孩子更需要他的关心，孩子的教育离不开他。女人千万不要让男人误认为他只要在外赚钱即可，家里你可以搞定，这是很多女人容易犯的错。

工作是做不完的，事业是没有止境的，一起吃饭，一起看电视或是饭后出去逛逛，或是周末看场电影或是去公园走走，这花不了太多的时间，也不会对工作事业构成冲突，但对夫妻感情、家庭温馨和谐却起着关键的作用。我们赚钱的目的是什么，难道只是为了那个金钱的数字吗？当然不是，赚钱是为了享受人生，为了家庭幸福，能兼顾家庭的事业型男人才是真正的好男人，否则只不过是事业的奴隶和赚钱的机器而已。

正确地看待女强人妻子

女强人是对专注于事业并获得成就的女性的一种称呼，也是对女性在社会上努力打拼的一种肯定。传统社会，特别是东方社会，普遍存在着男尊女卑，女性涉足于政治或商业领域的可谓甚少。但西方社会自20世纪开始，渐渐变得男女平等，女性接受教育，以致在社会发展事业中的机会不断增加，于是，巾帼不让须眉的情形逐渐出现。

心理专家在咨询实践中发现，很多女强人在外叱咤风云，风光无限，论才能、学识或相貌都无可挑剔，可婚姻生活却往往不尽如人意。很多女人委屈、抱怨："我哪一点不比他强？我哪一点做得都挑不出毛病，他为什么要和我离婚？"男人们到底应该如何正确对待女强人妻子呢？对此，我们有必要做一番解析。

1. 丈夫不喜欢女强人妻子的原因

既热衷事业又热爱家庭的女强人，她们出得了厅堂，也下得了厨房，同时也进得了卧房。所以，在现代女性的心目中，女强人逐渐成了越来越多的女性学习的楷模和自身追求的目标。可是，在男士的心目中，女强人可不是那么吃香了，大多数男人不喜欢女强人，尤其不喜欢自己的老婆做女强人，究其原因，有以下几点：

（1）对女强人的错误认识

大多数的男士，认为女强人就是只顾事业、不要家庭、不通情理、没有情感的冷血女人，担心如果娶了一个这样的女人做老婆，日后不会有甜蜜的爱情、温馨的家庭、安宁的日子，哪里还会有幸福快乐可言。

当然，他们的这种担心也不是毫无道理，一个热衷于事业的女人，她的大部分精力和精神，几乎都会倾注在事业之中。至于婚姻、家庭和孩子，或多或少会受到一些影响。但是，作为一个真正成功的女强人，会把三者紧密结合起来，不会顾此失彼。职场上，兢兢业业，毫不马虎；家庭中，勤勤恳恳，温柔体贴。与孩子相处时，尽显母性慈祥与关爱；与爱人相处时，小鸟依人，温柔可人；与亲人相处时，宽容大度，和蔼可亲；与朋友相处时，不卑不亢，落落大方。这样的女强人，可谓是相夫教子，对于男士朋友来说又有何不好？

（2）大男子主义作祟

虽然说在现代社会中，女性的社会地位提高了不少，但是中国几千年遗留下来的男尊女卑的思想在很多男士的心目中还比较严重，尤其是在那些大男子主义思想的男人中更是根深蒂固。在他们的心目中，男主外女主内，男人外出打拼赚钱，养家糊口，女人理应在家料理家务，照顾孩子，伺候老人。

如果自己的女人也和男人一样出去打拼，那么男人的颜面往哪儿搁；再者，如果女人出去打拼，要是比男人更能干更出色，那么男人们更是无地自容了。

聪明的男人，对于外出打拼的妻子，应该给予更多的鼓励和支持。理由是：让女人涉足社会，一则可以让女人施展自身的才能，体现自身的价值，得到社会的承认；二则可以让女人自食其力，活得自信，甚至还可以帮助添补家什,减轻了男人们的经济负担和生活压力,这样既得了面子也赢了里子,又何乐而不为呢?

(3) 患得患失的思想

有些男人,虽然容许自己的女人出去工作,但是整天患得患失,忧心忡忡。一是害怕自己的女人太能干太出色,抢走了自己的风头;二是担心妻子顾得了工作,顾不了家庭,把自己和孩子给冷落了;三是担心能干漂亮的妻子被别的男人给"抢走"了。这种男人真是既可怜又可悲,面对日益强化的妻子,不知道首先要做的事情就是努力强化自己,让自己在妻子的心目中永不褪色,否则聪明能干的妻子被人抢走也不是没可能。而男人在鼓励和支持妻子工作的同时,也要把自己的工作也做得更好。

(4) 环境造成攀比心理

几个人聚在一起就会聊女人,聊老婆,聊生活感想,说得最多的就是:"唉,物价飞涨,孩子也长,就是咱们的工资不涨,生活压力越来越大了,又不好意思让老婆出来做事,很没面子。"问他们为什么老婆出来做事男人没面子,他们的理由是:我们那个地方的女人都是在家养着的,搓搓麻将打打牌,看看孩子,没谁家的媳妇出来做事的,外出工作是老爷们的事情。

一个攀比一个,一家攀比一家,男人们比能力,女人们比优势,形成了一个恶性的循环,男人们成了"撑天大柱",女人们也自然就习惯养尊处优了。当然,这种情况并不稀奇,在很多地方特别是一些小城市更是屡见不鲜。殊不知,这一比,比来了男士们的沾沾自喜,比来了男士们的至高无上,却也比掉了女士们的自信与锐气,更是比走了能干女士的聪明与才气。

2. 正确对待女强人妻子

有些传统观念很强的男人,在家庭中处于主导地位,当各方面都超过妻子时，他感到心安理得；如果有朝一日妻子高过自己，他就感到脸上无光，很压抑，心理失衡，夫妻关系甚至出现危机。

在当今社会，随着职业女性地位的提高，女性正在各行各业做出前所未有的成绩，大量出类拔萃的女强人涌现出来，很多男人将面临妻子超过自己的局面。在这种情况下，如何维系家庭，如何维护良好的夫妻关系是一个十分现实的问题。为此，职业女性家庭要注意以下几个问题：

（1）摆脱旧的观念

要懂得爱情是家庭的基础，而夫妻地位的高低并不是决定性因素。只要把夫妻关系放在爱情这个支点上，就不会因地位变化而出现危机。至于谁对家庭贡献大些，这不重要，大可不必受传统习俗影响，非要男人当主心骨不可。在这里，用得着一句名言：时代不同了，男女都一样。只要这样想问题，当妻子超过丈夫的时候，丈夫就不会感到心里不平衡，相反会为妻子的进步高兴，感到光荣。

（2）支持妻子工作

仅仅从心理上摆对位置还是不够的，妻子能力比自己强，遇到了上进的机会时，就要支持妻子。在家庭中，要做妻子的贤内助，全力帮助妻子开拓事业。这样一来，在妻子的成功中，也有丈夫的功劳，这同样可以在心理上找到平衡。

（3）努力提高自己

面对妻子的进步，既要保持心理平衡，又不能满足现状。在可能的情况下，要有所进步，尽全力提升自己。在工作上不甘落后，在自己力所能及的范围内做出更大成绩。从根本上说，这是使爱情具有永恒意义的因素。

在维护夫妻关系上，仅仅丈夫正确对待还是不够的，妻子的态度言行也很关键。如果妻子因地位变化而看不起自己的丈夫，那家庭也不会有和睦局面了。

温馨小提示

在生活中不仅仅是丈夫对待妻子作为女强人有着心理上的不适应，同时妻子对于自己作为女强人也有着对于丈夫和整个家庭的愧疚感。那么如何走出这种愧疚感呢，我们有以下几点建议：

一是系好感情的纽带。家庭是事业的支柱，一个女性在事业上奋斗离不开丈夫的理解和支持。对此，作为妻子首先应在感情上给予充分的满足。感情是家庭的纽带，无论工作多忙，都不可置丈夫的感情需求于不顾，当丈夫事多的时候、病倒在床的时候，事业受挫、苦闷彷徨的时候，或为生活的重负精疲力竭的时候，妻子若能送去温柔亲切的话语、体贴宽慰的爱抚或风趣幽默的笑谈，都能给对方精神上带来极大的满足，从而使感情的纽带处在最佳状态。

二是及时调整角色。无论你在事业上如何成功，不管你在职场上怎样叱咤风云，回到家中，你便是公婆的儿媳、丈夫的妻子、孩子的母亲、一家之主妇。因此，继续板着面孔，发号施令，颐指气使，显然不是明智之举，男子汉大丈夫最怕妻子对自己指手画脚。尤其是对于比自己强的妻子，一句盛气凌人的话、一个不屑一顾的眼神，都会深深刺伤他的自尊心，深感人格上的屈辱。因此，事业型女性不仅要注意回家后及时进入自己的主妇角色，态度平和，而且应毫不掩饰地展现自己的娇柔之情，使丈夫感情上得到满足，心理上得到平衡，有了这些还怕不理解和不支持吗？

三是体现母爱。母爱是人类最神圣的爱，是不可取代的爱。唯其如此，事业型的女性常常为自己的子女未得到足够的母爱而深深自责。一些成功的事例表明，解决这一矛盾较好的办法，首先是要把施之母爱作为自己神圣的职责，既要在宏观上运筹帷幄，又要于细微之处见精神。

对事业型女性来说，充足的业余时间是一种难得的奢侈，因此需要利用吃饭和做家务等一切时间，多听子女们诉说自己的想法，以了解和掌握他们的思想脉搏，用表扬、鼓励、理解和安慰为主的方法，尽量满足他们的正当要求。另外，要注意在孩子们心中树立父亲的威信，力求把慈母严父的爱融为一体，互为补充，以创造良好的家庭气氛。

学会做一个温柔的妻子

温柔有一种无形的力量，是女人不可缺少的一种基本的资质和品性。如果说善良是平静的湖泊，温柔就是从这湖上吹来的清风。女性似水的温柔，对男人来说，是一种迷人的美，也是一种可以被其征服的力量。

可以说，妻子的温柔对提高自身的魅力，以及提高家庭生活质量有着妙不可言的作用。它能让你的家庭充满阳光，让夫妻生活更加美满。

1. 以魅力吸引丈夫

作为妻子应该如何在丈夫面前掌握技巧，永远保持魅力呢？以下是几个简单而有效的办法：

（1）羞涩

羞涩是女性美特征之一，它蕴含着妩媚和柔情，它不仅是情窦初开的少女用以传递爱情的特殊语言，更是婚后夫妻之间的爱情信号。可惜不少妻子恰恰疏忽了这点，一过洞房花烛夜，特别是生过孩子后，在丈夫面前的羞涩便荡然无存，使那毫无节制的"赤诚"亲昵，将爱情的神秘面纱破坏殆尽，造成爱的单调、贫乏甚至令人厌倦。

当然，这里并不主张妻子过于拘谨胆怯，而是希望妻子借助羞涩来激发丈夫的爱恋之情，从而丰富夫妻生活的情趣，提高夫妻生活质量，并给爱情留出一些余地，以致春色不枯爱常新，愿天下青年、中年乃至老年的妻子们，都保持一点特有的羞涩，它会使女性显得年轻、魅力无比。

（2）撒娇

仗着爱人宠爱故作姿态，谓之撒娇，显然撒的娇更可爱，为人所悦，受人所宠。娇媚的妻子在丈夫面前一番撒娇，可激起爱之涟漪，惊起浪花，因它实质上是妻子凝聚着千恩百爱的爆炸式释放，丈夫会因认识到被爱的自我代价而获得高度心理满足，从而使夫妻之亲密升华到一个更高的层次。建议天下曾有此种体验的中、青年及至老年妻子们都不妨在丈夫面前撒一撒娇。

（3）逞强

与撒娇相反，妻子适度的逞强，同样会迸发特有的魅力，尤其与撒娇交替使用时。女性，虽不能说是天生的弱者，但与男性相比毕竟是柔弱的。在夫妻生活中明知难以胜任之事，却要逞强偏为之。成功固然美，不成功也美，或更美。妻子心理示弱嘴里逞强的立体交叉情趣，显示出一种童稚气，一点野性，丈夫无不为之怦然心动。

（4）遮掩

神龙见首不见尾，怀抱琵琶半遮面，半遮半露，半虚半实，耐人寻味，妙在遮掩。原始人在全裸时，首先是遮掩了敏感部位，在道学家看来，这是人类本能的遮羞；在艺术家看来，这不是遮羞，相反是人类本能的美好展示，是强调，是突出，是通过遮来引起丰富想象力，是借助掩来增加神秘诱惑力。索菲亚·罗兰在谈到女演员裸照时，认为"裸照降低了表演的魅力"，因为它减少了神秘元素，合适的衣服比裸体有更多的诱惑力。因而，妻子欲对丈夫保持经久不衰的朦胧感，必须学会掩的艺术，哪怕是老夫老妻，也应避免淋漓尽致，暴露无遗，该遮掩的部位还是遮掩，如此这般，既能收其欲盖弥彰之效，又能保其"神秘的元素"，确不失为妻子展现魅力的又一妙术。

2．学会对丈夫体贴

现代家庭夫妻矛盾的产生多数是由于一成不变的夫妻模式所导致，矛盾的出现多半是对夫妻生活模式不满的结果。而要解决这种家庭矛盾，冷静、耐心、体贴是最不可缺少的。

如果近日你与家人相处不太妙，这很正常，俗话说："不打不闹不成夫妻。"你可以采取下列方法加以改善：

（1）有意识地分开一段时间

俗话说："人无百日好，花无千日红。"夫妻感情也是如此。夫妻间"钟情期"感情的不断积累，会达到一种特殊的"饱和"。这时，爱情需要小憩，需要离开对方独自得到感情上的"喘息"。这是正常的现象，就像人活动、兴奋、劳累后需要休息一样。因此，对于"冷淡期""休眠期"配偶之种种状况不要大惊小怪，最好的办法就是"三十六计走为上"。

如果发现对方不愿见到你，要意识到这是配偶冷淡期到来了。此时，即使没有出差的机会，也要找个借口回避一下。要有意识地分离，避免长时间地待在一起讨人嫌。要知道，配偶的冷淡和厌倦感情的出现，希望尽量减少与你的接触，这是机体为防止神经系统过度紧张而做出的保护性反应。

只要夫妻双方在冷淡期有意识地分离一段时间，就可以跨过冷淡期和休眠期，或缩短这两个时期的周期，重新回到钟情期。马克思在38岁时，在给妻子燕妮的信中说道："经常地接触会显得单调，日常生活琐事会因此而闹大，而深挚的热情由于对象的亲近而表现为日常的习惯，人们只要分开很短一段时间，一切就会恢复原状，以前被当作重要大事的不愉快的琐事，现在又成为小事，而深挚的感情，在分别的魔术般的影响下会壮大起来，并重新具有它固有的力量。"这话可谓至理名言。

（2）学会关怀体贴对方

夫妻之间产生敌意后，需要配偶用关怀体贴之情去化解。当你发现配偶工作很多，没有时间陪你，忙得不可开交，或者不像往日那样热情时，要体谅、关怀对方，并注意把握分寸，最好别开玩笑，不要纠缠不休。这个阶段，遇到对方落泪、忧伤、痛苦，甚至有时对你斥责几句时，不要计较。一句话，你要像对待病人一样耐着性子，体谅对方，要知道这只是暂时的，只是一时的"病情"所致。必须懂得，这种感情的休眠是不可避免的，而且很快就会结束。

（3）在摩擦中吸取教训

人主要是靠经验生活的。错误能使人聪明起来。常言道："经一事，长一智。"夫妻间发生冲突，一方主动认错，只是使事态得到了暂时的平息，并没有解决实际问题。认错，只不过是表示了一种态度。表明态度不等于解决了问题。为了不再犯同样的错误，或者不出现同样的不愉快，必须考虑今后应该怎么办。因此，理想的夫妻不是争吵，看谁压倒谁，而是讨论。讨论是集体思考，是把两个人的想法凑在一起。

在夫妻发生摩擦、冲突时，要认真反省、思考、分析，要多从主观找原因，不要总是认为对方错。争吵、冲突平息以后，夫妻最好开诚布公地谈一谈，找出争吵的原因，提出解决的方法，要互相照顾，互相让步。夫妻双方若能经常在讨论中吸取对方有益的东西，努力改正或去掉各自的不良习惯，家庭的和睦与幸福是不难创造的。

温馨小提示

夫妻之间有时候接受不了配偶给自己的忠告，从而导致夫妻之间感情冷淡，那么如何做到接受配偶的忠告，让夫妻关系改善呢？我们有以下建议：

一是对批评者本身有同样缺点的批评切忌采取反批评的方式。当对方指责你时，先接受对方的批评，告诉对方自己愿意改正。然后在对方情绪平复时，再策略地引出这个话题，也提出你的忠告。这样，夫妻间能达到合理协调。

二是当对方说你语气嘲讽、神态自负时千万不要来个反向攻击。如果你的丈夫或者妻子说你语气嘲讽、神态自负，你自己可能感受不到，甚至自以为十分谦虚。但是你的确不知道对方的感受如何，所以先别急着否认。千万不要来个反攻击，说没有人曾经这样说过你。

在这里需要强调的是：别人在你身上清楚看到的事实，你自己可能丝毫没有觉察到。所以不要急于否认别人对你的感受。

当对方说出对你的感觉时，你既不应拒绝接受，同时，也切忌夸大的同意。当别人说出对你的感觉时，不能以"怎么会那样想？真是不可思议"这些破坏性评语作为拒绝接受的借口，用来掩饰对方提出的批评，否则会破坏夫妻关系。切忌说这样的话："是，我知道自己很差劲，我们干脆离婚算了。"这不但使问题永远也得不到解决，还会在夫妻之间造成隔阂。

善于化解夫妻间的冲突

按照理想模式，和和气气才是幸福美满的婚姻。如果夫妻一旦发生什么冲突，往往会让人推测他们的婚姻出了什么问题。但这种推测在现实生活中常常出错。

俗话说："家家都有本难念的经。"关系再好的夫妻，日常生活中也会有些摩擦，闹些别扭。这说明在夫妻中，出现一些争吵是很正常的。

有句俗语这样说："天上下雨地上流，夫妻吵架不记仇。"前一句的比喻说明夫妻吵架就像天上下雨，必然流在地上那样，符合客观规律；后一句则是指一般的夫妻吵架没有根本的利害冲突，是容易和解的。为此，夫妻之间在家庭中应该正确看待争吵的现象。

1. 了解夫妻冲突产生的原因

在正常的婚姻生活中，夫妻冲突是很常见的。研究证明，我国城市和农村分别有71.13%和71.87%的家庭夫妻间有冲突，造成这些夫妻争吵的一般因素有以下几方面：

（1）子女教育

望子成龙、望女成凤，是夫妻的共同愿望。但对于孩子该以怎样的方式教养，夫妻之间往往存在着不同的意见，而他们都认为自己的做法是正确的，为此，谁也不肯让谁，当然就会产生矛盾，这成为夫妻争吵的首要原因。

（2）家务分工

居住在城市的家庭大部分都是上班族，农村也是夫妻共同耕作，而工作和劳动之余料理家务，洗衣做饭就成为不可缺少的事情。

在长期"男主外、女主内"观念的影响下，"干家务是妻子的事情"这种思想在许多丈夫心中根深蒂固，而作为现代的女性受到新观念的洗礼，已不再是传统型的贤妻良母，她们要求丈夫分担家务，但有些丈夫却依然坚持大男子主义，于是便形成了矛盾与冲突。

（3）财政大权

由谁来掌管家中的财政大权、家庭的收入如何分配是家庭中的大问题，而且也是由谁来主宰家庭的象征。在生活中，有的丈夫要维持一家之主的地位，要掌握财政大权，而妻子则要求实现平等，要求参与掌管财政，如果调解不当，夫妻间难免会生出许多冲突和矛盾。

（4）期待不同

在我们普通的家庭中，妻子要求丈夫多些体贴和关心，而且事业要有成就，挣钱多，还要多顾家，这个要求既全面，标准又高。

而丈夫对妻子要求则偏于传统型，温柔、贤惠、多关心、多体谅、多干家务、多关心父母，工作上也希望妻子求上进。这样一来，妻子的层次越高，对丈夫的期待也越高，而一旦达不到对方的期望值，夫妻冲突也不可避免。

（5）其他方面

其他方面包括性格、脾气、爱好、人际交往方面的差异以及性生活不协调等，这些也是引起夫妻争吵的原因。

2. 夫妻冲突的表现形式

夫妻发生冲突,表现多为互不说话、对吵对骂、丈夫打妻子、妻子打丈夫,丈夫摔东西,妻子摔东西,共同摔东西及其他方式。

(1) 冷战

一般说来,城市夫妻冲突多采取"冷战"的方式,互不说话。冷战的夫妻以初中、高中、中专文化层次为主,比例最高达到23.28%。从年龄上看,冷战的夫妻大多是中年夫妻,它反映出中年时期是婚姻中第二个危险期。

(2) 打架

通常来说,城市夫妻动手打架的比例不高,为1.57%。中专以下文化为最多,大学本科以上的比例很小,它反映出文化修养高的夫妻,民主、平等的意识比较强,夫妻间即使发生冲突,也能以和平的方式加以解决。

而农村夫妻矛盾的对抗程度,要比城市激烈。夫妻冷战的多,对吵对骂的多。妻子打丈夫的多,丈夫打妻子的更多。对抗激烈的农村夫妻,主要分布在初中以下文化层次,家庭经济条件差的家庭中。这些家庭,贫穷与愚昧使得夫妻之间剑拔弩张,各不相让。

总的说来,城市夫妻冲突大多采取"文斗"而不是"武斗",这是平等夫妻关系的主要表现,说明我国城市的许多家庭,正在由传统型向现代型过渡。

3. 正确认识夫妻间的冲突

世界上没有完美的婚姻,就像我们每个人都不完美一样。如果没有这个思想准备,就会对自己的婚姻生活失望,从而引发夫妻冲突,甚至发生危机,直至婚姻破裂。

所以,夫妻之间发生冲突后,要首先明白,夫妻间的冲突并不可怕,关键是要将这些冲突变为建设性的，使之增进夫妻关系，避免破坏性的冲突引发婚姻危机。

（1）强化夫妻的情分意识

夫妻关系虽然是构成下一代血缘关系的基础，但它没有血缘关系那样稳固，它是靠感情来维系的，感情的深与浅直接关系到夫妻关系的亲与疏。夫妻感情如果出现裂痕，正像玉器上的裂痕一样，怎么修补也不能完好如初。

因此，夫妻间一旦就某事发生意见分歧，不要以老子天下第一的架势，总是以为自己正确，把对方批评得一无是处。即使是事实证明对方对事情处理得不当，也不要得理不饶人，喋喋不休地埋怨、责怪对方。

因为每个人都有自尊心，在自己受到责怪和埋怨时，自尊心受到挑战，自然要为自己辩护。如果一方容不得另一方解释或辩驳，那就会随着声调的提高而使得攻与守的双方矛盾激化。

特别是在对方不认输时，切不可气急败坏地贬损对方的人格，挖苦对方，以及"陈谷子烂芝麻"地翻老账，揭老底，将对方以前的一系列失误罗列起来进行人身攻击，甚至将对方的家庭、父母都列入贬损的"触雷区"。如果这样做，就会使对方因气愤而产生逆反心理，在情绪化的争论中不可避免地点燃了夫妻"战争"的导火索。

为此，夫妻间的争吵一定要遵循就事论事的原则，从大局出发，顾及夫妻的情分，注意控制自己的心理情绪，适时而退，给自己和对方都留下心理体验及思考的余地。

（2）夫妻之战应不分胜负

夫妻间没有根本性的利益冲突，他们间的矛盾，除外遇、犯罪等问题外，往往不是原则性问题。即使是对有些事情处理得不当，也很难分清孰是孰非，认识到这一点夫妻争吵就容易和解。

但也要看到，争吵恰如在平静的湖水中投下了一块石头，必然会打破湖水的平静，给夫妻关系也会造成不愉快的心理体验。如果这种心理体验日积月累，逐渐加深，就会走向反面，最终导致离婚。这并不是一般的夫妻所期望的。

因此，建议夫妻双方暂时放弃自己的立场，主动求和，或者做些家务活，或者借机说话，向对方发出心理暗示，表明自己和好的愿望与行动。至于孰是孰非，待和好、融洽之后再分辩也不迟。那时恐怕就相拥一笑泯前仇了。对于夫妻的这种不分胜负的争吵来说，付诸行动的和好举措，比当面道歉更有意义。

（3）不在人前争吵

夫妻当着孩子争吵，会给孩子造成恐惧心理和排他心理。对父母吵架孩子不明就里，无所适从，幼小的心灵受到伤害，以后见到吵架就被吓得号啕大哭或躲躲藏藏；大一些的孩子在父母吵架时常常站在母亲的一边，形成父亲的对立面，影响家庭的和睦。

有的夫妻争吵时嗓门很高，唯恐别人听不到。其实夫妻吵架谁也不想介入，想提高嗓门争取正义或外援都是不现实的。这样做不仅把家庭矛盾扩大化，还伤害夫妻的自尊心，影响自身的形象。

（4）适度争吵对生活有利

在我们的身边，和谐融洽、从未争吵过的夫妻并非没有，只是概率太低。如果两人有了分歧或矛盾，或者丈夫委曲求全，或者妻子逆来顺受，都属于不健康心理，也都反映出夫妻间没有建立起真诚、平等、融洽的爱情关系。

这往往是由于双方在地位、文化、经济等方面有着悬殊的差距，一方在另一方面前觉得自惭形秽，无理由与之平起平坐；或者在对方的压力下，为求得家庭的安全与平静，不敢与对方争吵。在这种不健康心理的支配下，虽则夫妻没有争吵，但都陷于隐性的心理错位，笼罩着婚姻危机的阴影。

为此，对于正常的夫妻来说，当出现意见分歧时，坦诚地坚持自己的意见，甚至进行一定的争吵，不但不会伤害夫妻的感情，反而能增强夫妻的感情。有对老年夫妻平时爱小争小吵，而且都以此为乐，后来老头病故了，没人跟老太太争吵，她觉得很寂寞。可见夫妻间适度的小争小吵，乃是夫妻感情生活的调节剂，没有必要大惊小怪。

温馨小提示

如果你们夫妻总是为琐碎小事争吵，很可能是因为你们没有听到彼此的"弦外之音"，为了证明自己的清白，你们俩人相互质证，激烈辩论。这当然不是因为罪行令人发指，罪犯必须绳之以法。你们实际可能在争论的是：这个家里谁说了算，为此，下面为你介绍一些避免冲突的方法，你可以一试。

1. 按兵不动

当你感觉婚姻中的气氛不对，对方情绪有些激动，大战就在眼前时，你可以退后一步，按兵不动。如果此时你们正在餐馆里或者马路上，你可以说："我们先回家吧。"这招拖延战术很管用，回家路上这段时间，能让两个人平静下来，恢复理智。到家后，常常会发现刚才争吵的原因微不足道。

2. 开诚布公

如果同一件小事总是让你们大动肝火，那么你们该认真对待了。商量解决办法之前，你们最好先开诚布公地谈一谈，说出彼此的真实想法，为了减少误解，少兜圈子。

3. 互相理解

两人轮流用自己的话重复一遍对方的观点，这并不表示你接受了对方的想法，只是为了保证理解无误。

4. 说服他人

有时父母、亲友乐于给你们夫妻出主意，这样容易帮倒忙。如果你们夫妻已经达成共识，先秘而不宣，分头去试探他们的反应，收集他们反对意见，回来两人共商对策。都准备好了，再正式宣布你们的决定。

另外，习惯性的思维常会引发争吵，借助以上方法，相信你们夫妻是可以克服冲突的。

以理智克服两地分居问题

分居是指夫妻双方在继续维持其夫妻关系的情况下，停止共同生活，并各自建立属于自己的生活方式的状况。我们这里说所指的是夫妻因工作或学习的原因而造成的两地分居。

长期分居两地的年轻夫妇，存在着感情、心理乃至性生活上的饥饿感，有人特此称为"分居饥饿综合征"。此时，表现在感情上孤独，极须他人的关心、慰藉；心理上空虚，极须他人的充实。

处于此种状况下，当另一异性的热心关怀，生活上的你帮我助，特别是朝夕相见，体贴入微殷勤之至的时候，容易使孤寂的心灵得到慰藉，而男女间的温情也似乎是任何关怀都难以取代的，因此，这时容易在感情上擦出火花，如果不以理智积极克服，极可能移情别恋，这是需要警惕的。

1．夫妻两地分居的弊端

随着时代的进步，由于个人发展的需要，因工作或学业等原因导致两地分居的夫妻逐渐增多，同过去相比，现在高速发展的信息社会，电话、网络等联络方式和便捷的交通方式减少了异地恋的相思之苦，但不能不说，夫妻两地分居还是有很多的弊端。

（1）无法排遣孤独

对现代两地分居的夫妻来说，解决两人相思之苦最常用方法就是通过互联网视频聊天，但即使网速再快，像素再高，电话费再便宜，那也只是有看到、听到、摸不到的感觉，关键时刻，对方不在身边，那种失落感只有孤单的人才可体会。

伴侣双方无伴可依，平时上班忙碌，也许无暇顾及这种感觉，但一到周末、节假日，这种感觉就特别强烈。如果遇到生病，或者工作失意，那种无助感更加强烈。而长期把感情寄托在电话与互联网的方式上，在需要对方的时候却要独自面对生活，这会令双方身心疲惫，从而加重这种孤独感。

（2）感情随之变淡

长期两地分居的夫妻，即使每天都通一个电话，但随着时间一天天过去，他们谈论的话题将会越来越少，到最后可能会发现和对方不再有共同语言。

如在上海工作的女性小王越来越感觉到远在广东的丈夫大宇慢慢从自己的生活圈子里淡出。一年一次的见面，使小王发现自己很少想起大宇，在电话里聊的话题日复一日，无非是孩子怎么样了，单位里发生的事，两个人共同的朋友，如此而已。爱人变成了最熟悉的陌生人。

（3）易发生婚外情

性生活也是幸福婚姻不可或缺的一部分。长时间的夫妻分离状态，人为地阻断了本能欲求的满足，婚姻的内在平衡被打破。而当爱人不在身旁时，道德约束力一旦松懈，夫妻一方极有可能发生婚外情。

2．维系夫妻两地分居的法则

两地分居，困难的不是空间的距离，而是心的距离。那么，夫妻双方该如何让自己的心灵来维系两地分居带来的困惑呢？不妨从以下几个法则做起：

（1）互相信任

充分的信任是消除分居两地的夫妻心理障碍的有效之法。为此，处于两地分居的夫妻一定要让信仰和信念支撑自己。要不时向对方表达这种信心和信念：虽然现在自己和爱人不在一起，但现在是为日后美满的生活而奋斗的。

（2）情感交流

作为分居的夫妇，更应当重视在分居期间的感情交流，一个长途电话，一条热情洋溢的短信，及时地介绍自己的情况，表达自己的思念，关心对方的身体、工作和生活，都有助于减轻配偶和自己的不平衡心理。

（3）有效沟通

夫妻间分隔两地最怕赌气和误解，长时间的赌气和误解，会让两人感情淡漠，还有可能会让挖墙脚者乘虚而入，为此，夫妻在婚姻中凡事要说清楚，该认错就认错。生气了，我们就要说出对方具体哪点做得不好，自己不喜欢这种方式，对方下次可能就有所收敛了。但是我们如果赌气说"我不管你了，你也别管我""我不知道还会不会喜欢别人"之类的话，只能打击对方的信心，造成不愉快的气氛。

（4）严格自律

责任是夫妻双方要对自己的家庭共同承担的义务。现代社会给我们的诱惑太多了，如果缺乏自律，失去了责任的约束，任由内心的各种私欲膨胀，那么欲望泛滥的结果就是爱情枯萎、婚姻死亡。

为此，夫妻分居两地时，双方不仅要有责任心，而且要严格自律，检点自己的行为，在自己的工作岗位上不要对别的异性表现出过分的热情，以免被人误解，带来不必要的麻烦。

（5）丰富生活

分居两地的夫妻要注意打造丰富健康的自我生活。如看书、听音乐、花点心思打理家务，生活充实了心里的孤单感就会少很多。

（6）经常相聚

夫妻分居两地时，双方一定要尽可能地多创造一些见面的机会，尤其是节日或一些特别的日子，如生日、结婚纪念日等，最好能安排时间相聚。

如果我们很少去看望爱人或者每次见面都匆匆忙忙、漫不经心，那么不管以前我们的爱是多么强烈，但总有一天会淡的。毕竟，柏拉图式的爱情在现在的社会很难存活。

（7）保持激情

俗话说"小别胜新婚"，夫妻间两地分居后的短暂相逢定会让彼此情意绵绵，为此，夫妻可以使用现代流行的新鲜玩意来增加异地恋情的质量。

闲暇之余，给心中的爱人来点惊喜，比如网上送个小卡片，为对方订个小礼物，或者勤打电话等，努力营造浪漫，让科技发展的速度及时跟上感情的变化。

一封不期而至的情书，一个纪念日里千挑万选的礼物，一次没有约定的突然出现，在对方最需要的时候，出现在其面前。或许这些东西在当时看来是小动作，但是日后回忆的话，它的余味远远大于本身。

我们应该明白，婚姻是一门大学问，需要我们一辈子去学习去经营，这考验夫妻的智慧，也考验夫妻的感情。

温馨小提示

夫妻之间浓郁的爱情，产生于两个人忘情地投入，分别后牵肠挂肚的思念，来源于平日里双方细语如丝的缠缠绵绵。从这个意义上讲，防止分居时期婚外恋情的发生，最重要的是双方的努力。

为此，要学会换位思考，并存一颗感恩的心。如当你淋着雨给他打电话，那边却没有人接听，或者"喂"过一声之后说："明天再打来吧，我现在正在应酬呢！"或者你一封电子邮件没有马上得到回应，不要马上就猜忌。要多替对方想一想：是不是他有什么事？也许他真的是忙于工作。当你学会设身处地地为对方着想，你们的生活才会更加和谐。

认识"妻管严"的心理实质

"妻管严"，顾名思义，就是人们所说的怕老婆，是妻子的一种强势心理，也是男人"惧内"的代名词。在许多男人看来，"妻管严"似乎是不光彩的，几乎谁也不愿接受"妻管严"的角色。其实，"妻管严"是妻子对家庭事宜的管理比较严格，并非是妻子霸道，折磨丈夫，虐待丈夫。所以我们应以良好的心理正确地看待"妻管严"思想。

1. 了解"妻管严"的特征

"妻管严"男人不是没有原则的，这个原则最大的前提，就是爱。懂得爱的男人，一定会爱这个做自己妻子的女人，有着宽容胸怀的男人，几乎没有不愿意让自己妻管严的。"妻管严"男人有哪些特征呢？

（1）唯命是从

"妻管严"男人的招牌动作就是点头，表现得唯唯诺诺，把老婆的话当圣旨。大度一点，让女人做主，切不能小不忍而乱大谋。要是真遇上大事，就算你不找她，她也要找你拍板，这道理大家都懂！

（2）工资上交

"妻管严"男人的工资虽全部上交了，但奖金福利什么的，却悄悄藏着。在心爱的女人面前就范，"妻管严"男人其实最清楚，以一种大智若愚的姿态来面对和处理摩擦，就是一种生活的智慧，是一条到达美好生活的捷径与坦途。

（3）家务全包

要说做家务，"妻管严"也乐在其中。看，音乐放着、小曲哼着、家具擦着、地板拖着，那叫一个惬意。

每天下班回家，搓两件衣服，炒两盘小菜，换一种活法，调节一下紧绷的神经，不也其乐融融何乐而不为呢？

（4）老婆是上帝

怕老婆让我们改掉了许多坏习惯，也让我们不断与时俱进。老婆让我们饭后散步，使我们有了锻炼身体的习惯；让我们学英语，使我们的职称终于评上了；逼我们下厨，使我们厨艺大增；逼我们坚持看书写作，使我们终于也发表了几篇豆腐块文章；逼我们不要安于现状，使我们终于跳槽到了更有发展前途的单位；有了一定积蓄后，逼我们立即买房，于是我们幸运地在疯涨前买到了满意的房子。

"妻管严"男人不是没有原则的，这个原则就是爱。聪明又宽容的男人最清楚，以这种大智若愚的姿态来面对和处理夫妻关系，就是一种生活的智慧。

2. 认识"妻管严"的优点

现在社会上流传这样一种说法:"上等男人怕老婆,中等男人爱老婆,下等男人打老婆"。这种说法虽不准确,但也不无耐人寻味之处。还有一句俗话是:"妻严夫祸少。"现在让我们来看看"妻管严"到底有些什么优点吧!

(1) 可长年益寿

怕老婆的人不抽烟,不喝酒,不寻欢作乐,每天下班之后早早回家报到。因而生活极其有规律,也改变了婚前的不少坏习惯,繁重的家务使身体得到了锻炼,能不长寿吗?

(2) 有利于求职

长期的惧内可磨炼人的细心谨慎、反应迅速的个性,各位可于求职简历内加上这一条。

(3) 有利于培养子女

我们家庭主男的义不容辞的职责不仅仅是扛煤气罐,还应自觉地换洗尿布、哄小孩睡、做饭、清洁家居等。

身教重于言教,这样不仅给孩子树立了榜样,也给其增加了对将来美好幸福生活的向往。

温馨小提示

好丈夫不是一天练成的。

通常结婚时间长了夫妻就没什么激情了,所以你一定要随时保持对妻子的热情,对妻子的错误要宽容但不袒护。

注意妻子平时的爱好,特定时间出其不意地给妻子一点惊喜。

要关心妻子的家人,要视她家的事情为自己的事。

在发生矛盾的时候要注意保持冷静,事后不管谁对谁错,待气氛缓和后再把自己的想法心平气和地说出来，遇到不同意见不要强求，大家把想法说出来就好了。

挖空心思每日一乐，要让她觉得有你就有快乐，你是她唯一的依靠。

不管多忙，都要经常打电话给妻子，而且不要敷衍了事，有你的电话，就能让她觉得不管你在哪儿心里都在惦念着她。

不要把她当成小孩子宠坏了，当她犯了原则性的错误时要婉转道出。

克服随意吃醋的心理

吃醋指夫妻或者情侣间因对方同其他人异常的男女关系而引起的妒忌、争吵等。心理学认为，夫妻之间偶尔表现出淡淡的醋意是爱情至深的表现之一，但物极必反，如果配偶中的一方整日醋味熏天，将会令对方难以忍受。

通常情况，女性吃醋现象要严重一些，只不过有些人容易表露，有些人善于掩饰，有人轻一些，有人严重一点而已。研究证明，过分吃醋心理如不及时调整，会带来不利结果。为此，为了身心健康，女性应该注意随意吃醋的心理。

1. 认识随意吃醋的表现

在我们的情感中，吃醋是普遍的一种心理感受，即使彼此深深相爱，也会因为某个事件，让其中一方吃醋。理性的吃醋是让我们在遇到情感问题的时候，用爱来应对，也就是说弥补自己的爱，用更加完美的爱去牢牢拴住对方，但随意的吃醋则会妨碍夫妻间的和谐关系，使婚姻出现紧张，随意吃醋主要表现在以下几个方面：

(1) 天天吃醋

在生活中，我们如果天天吃食物醋有益于健康，但在婚姻中天天吃醋却会危害夫妻关系。大多数男人其实心底里都希望自己的女人能吃点醋，这是一种情感的需求，更是一种男人价值的彰显。但却几乎没有一个男人喜欢女人天天吃醋，否则女人就算是再有魅力，再懂得婚姻的艺术，男人们终有一天也会被酸得牙痛和胃抽筋，而不得不退避三舍、逃之夭夭。

(2) 不分场合

有些女人吃起醋来从不分场合，只要在哪里闻到酸味，就会在哪里立马发起"醋疯"，常常"醋惊四座"，不但让男人和自己下不了台，也让其他在场的人尴尬不已。

其实这种做法不但损害了自己的形象，而且会给别人于口舌和可乘之机，聪明的女人会给男人和大家面子，同时也是给自己面子，待没人或者是两个人在家的时候再"兴师问罪"，这样做才是应了家丑不可外扬和息事宁人的古训。

(3) 逢醋必吃

聪明女人吃醋从来都是有选择的，她们并不是逢醋必吃和来者不拒，而是会根据现实情况和当时情形用她们的智慧做出判断，因为在她们看来有些醋是吃不得的，或者是吃也没用的。

如老公对小孩的爱超过自己，孝敬父母超过自己，或者是对自己姐妹们比较热情，老公受到女上司宠爱，甚至老公的职业本身就是要与其他女人打交道等。这样，女人一定要表现得大度，要有所为，有所不为，该糊涂的时候要糊涂，最为主要的还是要不断提高自身修养，以自身的情趣、气质和大度去化解各种婚姻危机。

2. 纠正随意吃醋的方法

恋爱或婚姻中,如果两个人对彼此视而不见,一点醋都不吃,爱情也就淡而无味了。偶尔吃一回醋,说不定能给琐碎的生活"吃"出一片广阔的天地,但是醋劲大了,未免就过犹不及,为此,家庭中的女性应该纠正不良的随意醋意。

(1) 充分信任

一般说来,女性吃醋心理的产生,多是对丈夫不信任而产生的,因此,纠正随意醋意,首先要打消心理定式,不要先入为主地认定丈夫就有问题。应该多想一想丈夫的优点,相信老公绝对不是那样的人。

(2) 正确认识

吃醋心理的产生有时是由于一些误解所引起的。为此,女性应该在充分信任老公的同时,及时了解清楚他是不是真变了心,当了解清楚之后,才能有较为正确的认识,认识正确了,也就易于理解他了,继而也就会较好地消除自己的吃醋心理。

(3) 乐观消除

所谓乐观,就是常人所讲的想开些。人生总有不如意之事,所谓"家家都有本难念的经"即是此理。所以,即使自己还没有了解清楚自己的老公到底是一个什么样的人,甚至即使自己的老公本来就有那么一点点邪念,作为妻子也应该将心胸放开些,不要钻牛角尖。

(4) 正确比较

可以将自己丈夫同周围的一些男士做比较,自己就会发现,其实丈夫做得比其他人都好,如有的男人有事没事都总往女人堆里扎;有的男人在和别的女人交往时言行有些放肆或者暧昧,根本不顾自己妻子的感受等,而自己丈夫却并不是这样。当然,不是说女性要一概地迁就丈夫,对丈夫的歪心和不轨行为熟视无睹。对于确实有问题的老公，应该采取冷静态度去对待，实在不行，才考虑分手这一条路。

温馨小提示

女人爱吃男人的醋是正常的，但也得有个限度。如果你觉得"他的眼里只能容下我，他的眼里不能有别人""希望他的世界只可以有我一个人"，那么，倘若真要把这些盼望落到实处，动辄发飙，男人会觉得你无理取闹，没有事也会弄出事来。

为此，当你有了对男人的醋意后，建议你在心中默默地想你的分析到底对不对，然后你可以用开玩笑的口吻告诉对方自己在吃醋。如果他只是对路上的美女看了一眼，你就吃醋的话，大可不必，但如果他常常向你赞扬自己公司的女同事，你也可以向他假装炫耀一下自己熟悉的男同事或异性朋友，看看他反应如何。

婚外情是生活的定时炸弹

婚外情是指已婚者与配偶之外的人发生恋情，从字面上看，婚外情其实是一场恋爱，但在实质上它不过是一个偷情的过程。在婚外情的表现上，男人往往重性，女人则习惯于重情。

婚外情是违背传统道德观念和违背社会公德的行为，它犹如隐藏在身边的一枚定时炸弹，对个人、家庭和社会都有极大的危害。

1. 了解婚外情的表现

研究证明，婚外情与主体的自身心理素质、婚姻境遇、社会氛围条件有关，常见的情况有以下几种：

（1）旧情复燃

当事人对现实婚姻不满意，进而与旧日的恋人、知己或好友产生婚外恋情。

（2）情意分散

夫妻双方在理想追求、生活情趣等方面缺乏共同语言或婚后感情交流不足，导致另寻知音而发生婚外恋情。

（3）寻求安慰

夫妻两地分居或一方对另一方的冷漠、虐待等原因，使深感孤独、失落和屈辱的一方从婚外异性身上寻求抚慰和满足，因而发生婚外恋情。

（4）感恩回报

多见于已婚女性因图报异性对自己的帮助、搭救之恩，混淆友情与恋情的界限而产生的婚外恋情。

（5）崇拜敬慕

多见于女性，是对婚外异性的才华、魅力由敬慕到爱慕，进而发生婚外恋情。

（6）报复心理

当配偶一方爱情转移，另一方为取得心理的暂时平衡或报复对方而与婚外异性交往，进而产生婚外恋情。

2．纠正婚外情的方法

婚外情作为一种感情纠葛，它的出现是由很多复杂因素构成的，但无论怎样，都是插足他人家庭的不道德的行为。既伤害夫妻双方的感情，也损害外遇者的人格；既破坏家庭和睦，也给子女带来心灵创伤，还污染社会风气，带来不安定的因素。

要走出这种心理障碍的误区，应注意以下几点：

（1）提高道德意识

婚外情是当今社会中的一个较普遍现象，大多数人对婚外恋持否定和反对态度。

目前的《婚姻法》《民法》对婚外情没有明确的说法，即使是修改中的《婚姻家庭法》，对是否加入惩罚外遇的条款，同意者与不同意者的比例也为45.97%和49.44%。这样，单纯的外遇问题就无法纳入法制的规范进行处理，只好依靠道德法庭进行道德的责问与调整。

婚姻和家庭作为夫妻共建的小巢，是一个封闭系统。维系这个系统的爱情是自私的，也是排他的。如果夫妻的某一方把爱同时奉献给两个异性，那么就必然造成爱情天平的倾斜。

这种爱，是以践踏爱人的爱为代价的，或许有人故意隐瞒自己的外遇，回到家强作欢颜，然而，"纸里包不住火"，最终仍不免暴露于光天化日之下。

因此，有婚外情意向的人要及时"刹车"，不要放纵感情，要加强道德情操和对家庭、对子女的责任感及义务感的修养，做到风雨同舟、患难与共，保证家庭的大堤不被洪水冲垮是获得人生幸福的重要所在。

（2）分析利害因素

婚外情这种激情行为原本就是短期的。它虽然以情为表象，但其核心却以性满足为目的。一旦失去新鲜感过后，就会因失去兴趣而疏远，而终结。

有的婚外情人，初始阶段如干柴烈火，后来花样用尽，觉得只不过就是如此，再无重续的兴趣。即使有的与情人结了婚，在激情过去后往往又陷于婚姻的围城之中。

据报载，一位事业成功的男士因外遇与妻子打了8年的离婚大战，可与情人结婚不到一年就大打出手。曾经生死相许的情侣，为什么进入婚姻的殿堂就成了冤家？这主要是因为婚外情带来的刺激和温情因结婚而消失。

好像是从虚无缥缈的天堂回到了人间，在锅碗瓢盆的实际生活中又发现对方许多不能容忍的缺点，颇有追悔莫及之感；特别是因羡慕对方的钱、权、势而结合的外遇者，在对方失去了羡慕的东西后，大失所望，激情就随之退潮，最终导致婚姻大厦的倾塌。因此，想要向婚外情发展的女性要注意自己行为的利害，"苦海无边，回头是岸"！

（3）保持头脑清醒

一方出现外遇时，另一方应保持清醒、冷静的头脑。当发现外遇就在自己的身边，该如何处理呢？

有的人一旦抓住了对方外遇的把柄，就大吵大闹，不但在家里吵，到单位闹，还给在外地的亲戚、朋友打电话，似乎是不把对方搞臭决不罢休。这样做，不仅弄得对方威信扫地，处境尴尬，而且还会造成婚姻的破裂。

为此，当一方发现另一方有了外遇后，不要吵闹、打架，而应该极力控制住自己的愤怒情绪，冷静地反思自己的不足，耐心地关心、体贴对方，并从家庭的责任的角度做对方的思想工作，分析外遇的危害及恶劣影响，使爱人回心转意，斩断婚外情丝，以实际行动来修补爱情的裂痕。

当然，对于那些一意孤行，置道德与法律及家庭于不顾的外遇者，在仁至义尽之余，可以诉诸法律，各奔前程。

温馨小提示

如果你发现自己的丈夫有婚外情的迹象，可以采取如下方法进行处理：

一是冷静下来,分析一下到底事情是如何发生的。

你要明白,一哭二闹三上吊不一定有用,反而使丈夫与你越来越疏远。若是哭能使他愧疚,当然不妨用哭取胜。不过问题是哭多了不仅没有实际效用,而且可能会产生反作用,所以千万别采用此下策。

二是千万不要轻言放弃婚姻,或有成人之美的打算。婚姻若是放弃,日后最不幸的不是丈夫,而是你。轻言离婚,受害最大的是你们的孩子,并且你日后还会有数不尽的唏嘘与孤寂。为此,你绝不能轻易放弃婚姻,你要让第三者知道他们是没有希望的。这样他们日后不能结婚,并能使之成为他们争吵的因素。

三是不要像个怨妇一样到处哭诉。因为让更多的人知道丈夫的丑闻会使丈夫觉得没有脸见人,更没有台阶下,回头的机会便相对地减少了。

四是最好选择以退为进,学会包容、宽恕,这样能使丈夫有愧疚感,觉得对不起你,不敢再伤害你。

五是不要对丈夫有报复的行为,因为这样不仅问题不能解决,你们两人的关系会更加恶化,到时候只会让你得不偿失。

六是不要在孩子面前吵。要知道在你们婚姻中,孩子是最无辜的受害者。你们吵架最常见的现象是用物质利益来收买孩子,希望孩子站到自己那边。如此一来,孩子不但学会了要挟大人以取得物质利益,心理上也会有两边受包抄的感觉,最严重的后果还会造成孩子困惑、自卑及无所适从,致使孩子心理不平衡。所以当你们发生争吵时候,不要当着孩子的面。

将花心转变为专情

花心是指对爱情的三心二意，表面看起来我们爱情很多，其实我们很孤独，因为我们没有真爱。男人的花心好像和道德有关，事实上它是一种心理疾病，只有克服了花心心思，才会有自己的真爱。

1. 认识花心与专情

造成男人花心的因素很多，如有些男人一旦体内的后叶催产素等激素水平消退，就会通过另寻新欢再次获得刺激源，从而享受激素高分泌带来的极度愉悦兴奋，这是一种生理原因。

但是造成男人花心的，更多是心理问题。

花心的男人内心是空的，像个有磁力的无底黑洞，不断地需要外在的事或物来填充，但总也填不满。花心和一个人的地位、金钱、名誉的高低无关。

花心的男人不想承担对他人的责任，采取逃避的行为方式，不断地变换是另一种逃避。

让我们不再花心吧！因为它只会让我们受到更多的伤害，同时更会伤害到别人。我们一旦有了真爱，也就找到了自己人生的真正幸福。

2. 消除花心的方法

花心的男人是孤独的，因为他们不知道约束自己的行为。表面上看起来很风光，身边时刻有女人相伴，背地里比谁都孤独，因为没有属于自己的真感情。我们该如何克服自己的花心呢？

（1）认清危害

不会有好女人在冰箱里为花心男人留下冰凉的饮料，不会有好女人在花心男人出门时叮嘱"开车要小心哟"，不会有好女人一遍一遍地为我们花心男人热好饭菜等着其回来共进晚餐，不会有好女人扑在花心男人的怀里撒娇，不会有好女人为花心男人的身体健康担心，不会有好女人把花心男人的头放在自己的怀里为他轻轻拔取几丝白发。

（2）培养道德感

虽然我们男人花心有生理和心理上的根源，但是在社会化的过程中，我们会慢慢被符合社会规范与道德等因素所同化，就这是说，品格与道德是可以控制我们男人滥情的。

如我们可以多看一些正面的爱情电影、故事，可以让我们的思想受到良好熏陶，在我们花心的时候，我们自己就会受到良心上的不安，从而达到克服花心的目的。

（3）培养责任心

我们要知道，自己不是小孩子了，一定要对自己的一切负责任。爱情不是游戏，花心本身就是一种不负责任的行为，这不是我们男人应该有的。

（4）学会控制自己

有可能我们心里面一直还有喜欢的人，但是却不能在一起，所以需要找其他人宣泄压抑的感情，这种情况我们要学会控制自己。

（5）用友情代替

若你是特别容易被异性吸引的话，可以通过将精神放在与朋友的交际活动上，那你所被吸引的感觉会大幅度降低。

（6）更高的精神追求

我们可以通过提升自己能力的方式，让自己的精神得到更大的满足。

比如把我们的工作、业务搞得更好一些，人际关系更好一些，这样也能有效地克服花心。

3．做到专情的方法

专情就是要求我们爱情专一，但并不是说我们只能一生爱一人，而是我们每爱一个人的时候都要一心一意。如果我们曾经有过刻骨铭心的感情经历，并为此真心付出过，那么我们就是一个专情的人。那么我们在现实中该如何让自己真正专情呢？

（1）正确对待爱情

爱主要是看我们怎么去对待它，平平淡淡的爱才是真，在我们爱一个人的时候，不要去计较爱情的浪漫和爱情的方式，每个人的爱的方式不同，不要不知足，太贪心了，会失去难得的真爱。

我们要相信爱情。相信这世间有真爱存在，相信自己一定能拥有这样的爱情，为此而充满憧憬。

（2）让爱更真

我们许多人给爱情赋予了过多的意义，有些人把得失看得太重，认为自己付出了就应该得到，有的人认为别人对自己太好了，自己就应该去爱对方。

爱情是我们双方不由自主地互相吸引和不求回报的付出，不要掺杂过多的情绪。

（3）让爱更美

我们要相信，越真挚的爱情越能经风雨。深沉的爱即是双方都想把最好的生活留给彼此，都希望对方能快乐幸福。

（4）让爱伟大

越平凡的生活越考验我们的毅力，也越考验两个人的感情。当爱情渐渐转化为生活的点滴融入了骨子里，如何去维系便是最大的问题。

平淡无奇最危险，因为两个人之间容易产生厌倦的情绪，或者常常怀疑，是不是没有了爱情。外面的世界如此复杂，怕对方经不起诱惑而变心。

其实最幸福的爱情就是平淡的生活，它会让我们踏实安全，给我们坚定的力量。想想下班后有人等你回家，是多幸福的事情啊！

温馨小提示

爱情中的花花公子往往会令人敬而远之，可是在我们心中，其实多多少少都有花心的成分存在，渴望享受爱情带来的新鲜感。那么，到底你的"花心"程度有多高呢？现在就测试一下吧！

如果你今天走在路上，遇到一个卖饰品的人向你兜售，你看中其中一个手环，由金丝线缠绕，上面还有珍珠，非常别致，但你怕它很贵，迟迟不敢下手。

小贩这时开口："你愿意出多少钱买它？"请问你愿意出多少钱买这个手环呢？

70元、180元、350元还是500元？

现在让我们看一下你的测试结果吧！

如果你选70元，说明你个性上容易对美好事物迷惑，而且很容易动情，但因为不是真心的，所以你也不会特别珍惜别人，善于使用浪漫攻势的你，有时候会以猎捕游戏为乐，唉！异性遇到你很容易伤心啊！

如果你选的是180元，那你是一个无论在感情上或学业、工作上都有想法的人，你在意对方的外表和内涵，但是你不会轻易允许自己投入太多感情，有一套自己的准则而且会在意别人对你的评价。

如果你选的是350元,那你对异性条件要求蛮高的,希望对方跟你心灵相通,可以共同玩乐也可以谈理想抱负、谈未来计划,你喜欢幽默,它让你有新鲜感,而且对方也要有品位,因此你不会轻易动心,但你脑袋可能会装根隐藏雷达,随时注意身边有没有符合你条件的对象。

如果你选的是500元,那表明你很专情,专情到可能无法明辨是非,不管你可能会被别人说你很花心或你自以为很花心,其实你对异性容易看走眼,而且一旦爱上就奋不顾身,不太容易抽离感情,分手后会很难过。

现在你知道自己有多花心了吧!如果你很花心,那就从现在开始,学会克服吧!

七年之痒是一种心理问题

"七年之痒"是一个舶来词,意思是说许多事情发展到第七年就会不以人的意志为转移而出现一些问题,婚姻也不例外,即男女双方经热恋而结婚,婚姻进入第七个年头时,随着夫妻双方的熟悉,原本的浪漫与潇洒也会随着生活的压力而消失难觅,由此容易使婚姻进入危险期。

由于七年之痒经常被用来解释婚姻方面出现的一些问题,于是现代人习惯把结婚后第七年出现的第一个婚姻危险期称为七年之痒。

七年之痒是婚姻疲惫的表现,也是一个严重的心理问题。为了呵护好家庭,维护好婚姻,夫妻双方决不能忽视七年之痒。

1. 认识七年之痒的原因

"七年之痒"这个词，普遍流传于夫妻之间，那么，婚姻为什么会有七年之痒呢？其形成原因主要有以下几方面：

（1）矛盾增多

从人的成长角度来讲，大多数人是在婚姻中实现自身的成长。恋爱的时候对自己的认识和把握还不清楚，更不知道自己需要什么样的配偶。

随着婚龄的增加，尤其是许多家庭抚育幼儿之后，育儿任务的繁重和教育理念的差距，使婚姻中长期积累的矛盾慢慢凸显出来。加之双方人生发展轨迹的不同，造成实力的悬殊和共同语言的减少。

从沟通的方式来讲，我国有句俗话"熟人不讲理"，夫妻间太熟了，往往忽略配偶的需要，不再选择表达的方式，在表露自己情感的时候不加掩饰，很多情况下会伤及对方。孩子出生之后，母亲的情感全部转移到孩子身上，冷漠成了双方情感的症结，彼此的负性情绪相互渲染，使家庭氛围紧张，自然就形成了七年之痒。

（2）喜新厌旧

夫妻间结婚多年，对对方十分了解，对方的优点和缺点都会暴露无遗，此时就会对自己的配偶产生厌倦之感。而寻求新鲜的东西是人的本性，在婚姻中也不例外。为了改变自己索然乏味的生活，婚姻中的一方就会寻求婚姻之外的片刻欢愉来为自己添加新的元素。

（3）寻找激情

结婚多年的男女，随着自己学识、阅历的提高，交际圈子的扩大，就会发现某一个异性是自己更理想的对象，会对这个人产生相见恨晚的感觉，便想要和这位异性重温一些恋爱的激情，如果对方也对自己有意的话，婚外情就随之产生了。

（4）感情空隙

人的感情世界是广博的，但是一个外人是很难介入的。但是人的精神和追求是不断拓展的，不管一个人的潜力有多大，学识有多丰富，见识有多广博，都绝对不会满足自己配偶的日益增长的精神追求的需要。

曾经的倾慕甚至崇拜的对象，在多年之后，在自己认识的某些人的映衬之下就会显得黯然失色，别人看似璀璨的光芒就会夺取自己心中的眼球。

2．预防七年之痒的策略

夫妻间结婚久了，新鲜感就会慢慢丧失，从充满浪漫的恋爱到实实在在的婚姻，在平淡的朝夕相处中，彼此太熟悉了，犹如"左手握右手"没感觉了，恋爱时掩饰的缺点或双方在理念上的不同经过时间的冲刷，此时都已经充分地暴露出来。于是，情感的疲惫或厌倦使婚姻进入到一个瓶颈，如果无法选择有效的方法通过这一瓶颈，婚姻极可能就此终结。

为此，心理学为夫妻提出了避免七年之痒的一些策略：

（1）婚前预防

据有关部门统计，夫妻出现问题的婚姻中，当初草率结合的比例很大。在恋爱的时候保持较为清醒的头脑，如果可能的话多听听周围朋友的意见，如果能够得到婚姻专家的指导就会使婚姻增加理性的成分。澄清自己的一些想法和观念，用理性的目光对待未来的婚姻生活。

（2）懂得奉献

不要挑剔对方，不要希望塑造对方。而应常常自问："我能够给对方带来什么？无忧的物质生活？充实的精神食粮？安全感、幸福感？"日常生活中发自内心地为对方做些什么，哪怕是最小的事情，一个拥抱，一个笑容，一个亲吻，让对方体会到温情。

（3）保持魅力

夫妻双方时刻要注意保持自己的异性魅力。认为结婚后对方是自己的人了，这种安全心理是造成婚外情的最大原因。即使结了婚，也是在社会上和法律上结成夫妻，并没有改变男女对性的看法，相互不能限制对方对异性的感受，不能改变对方感情的需要。

所以，改变自己的异性观，努力使自己符合对方的要求才是最重要的。谁也不能否认美丽、新鲜、魅力对于人们的吸引。因此，整天埋头家务不饰外表的妻子和不修边幅的丈夫，都要改变一下自己的观点和形象，要时常反复地把配偶当作异性来重新认识。

（4）注意交流

交流是夫妻关系的润滑剂，它既可以消除误会，又可以统一观点，还可以增进感情。交流不是谈判，在茶余饭后、家务劳动中，都可以闲谈自己对工作、学习和人际关系等的看法，看电视、看报纸时都可以交换对时事、文学、艺术等的看法。看似闲聊，却能很好地沟通思想，加深了解。

夫妻间如果能建立起这条轻松自如的交流通道，就会养成耐心听取对方意见、考虑对方需要的习惯，时时与对方统一意见和观点。尤其是在夫妻发生冲突时，交流就显得更加重要。除了交谈以外，写信也是非常好的手段。有些问题不便面谈，或当面不好开口，通过写信的方式，也可以取得意想不到的效果。

平时注意调整夫妻间的关系，使双方的感情不断融合，意见不断统一，七年之痒完全可以避免。如果对婚姻能有一个正确的看法，有很强的责任感，即使在现实中遇到了"梦中情人"，找到了激烈振荡的感觉，也会理智地处理，不会轻易抛弃现有的家庭和爱。

3．克服七年之痒的方法

当有情人牵手进入婚姻的殿堂后，从此有了家，有了固定的另一半，但是彼此能否共同迎接逐渐趋于平淡的生活呢？又有多少人能熬过七年之痒呢？这就需要正确的处理方法。

（1）抛开恐惧心理

对婚姻七年之痒要有正确的认识，它极可能发生，极可能对婚姻有冲击，但同时它也不是必然发生，对婚姻的冲击并没有想象的那样可怕，本质上它只是一种再正常不过的婚姻现象，无须对此有过多的恐惧。

（2）了解感情危机

所谓七年之痒其实只不过是很正常的一种情感心理发展阶段，从心理学上说，感情世界一般都要经历"热恋、婚姻、无趣、疲惫、逃离、成熟"这样的心态轨迹，任何事都是有得必有失，每个阶段既有它魅力的一面，同时也有它失色的一面。

这正如人一生经历的各个年龄阶段，少年有少年的积极向上、激情四射，但同时也蕴藏着冲动和幼稚；老年人的魅力在于他的成熟和内涵，但却容易流于古板，婚姻也是如此。对于所谓七年之痒，我们要做的不是逃避，而是客观地认识并积极地应对。

（3）认清婚姻的本质

婚姻到底是什么，也许各人有各人不同的理解，但毫无疑问婚姻不只是指一纸婚书，本质上婚姻是爱与责任的相加，平淡、细水长流是婚姻的基本特质。对于这一点，每一对夫妻在走入婚姻之前或婚姻的每个阶段都应有充分的认知并对此做好思想准备。

有一句名言说得好："婚姻是一本书，书的第一章是美丽的诗歌，而其余的都是平淡的散文。"只要你对婚姻的本质有了清楚的认识，对于婚姻的平淡有了充分的思想准备，你就会有一个美满的婚姻。

（4）学会包容对方

七年之痒也许是难以避免的婚姻阶段，但不意味着我们只能被动接受，面对婚姻可能出现的痒，我们要有所警惕，更要有所行动，夫妻要学会包容。

这也许是老调重弹，但这是解决婚姻之痒的核心法宝，彼此有一颗包容的心是婚姻的基本保障，也是做夫妻必须具备的基本素养，否则夫妻就只能永远纠缠在数不尽的摩擦冲突与矛盾中，而这种摩擦冲突和矛盾一旦发展到不能调和的程度，婚姻就可能趋于瓦解。所以说，夫妻彼此包容是美满婚姻的保障。

（5）适时来点创意

婚姻总要归于平淡，这一点我们无法改变，但并不是说对此我们就毫无作为。平淡只是从总体上来看的，在细水长流的平淡中我们完全可以开动脑筋创造出一个又一个新的兴趣点或者激情点。

有的夫妻认为婚姻本就是平淡的，于是任其自然发展，在不知不觉中可能就将婚姻推向了危险的边缘。我们既要接受婚姻的平淡，同时又要不拘泥和屈服于这种平淡，这样我们就会想方设法去创造新的东西。

（6）随时注意细节

细节是最容易被人忽视的，殊不知细节有时决定成败。对婚姻我们有清楚的认识，对原则性的大的方面也做得很好，可就是因为不注意一些细节而导致婚姻问题不断，甚至导致婚姻破裂。

恋爱短暂美丽，如电光一闪，婚姻却切实平淡，似细水长流，而婚姻之美也正在于此，所谓七年之痒只不过平淡的附生物而已，我们要做的不应是恐惧或胡乱夸大其词，七年之痒并非是不可逾越的障碍，它只是提醒人们要用心经营自己的婚姻，因为婚姻是一门学问，需要不断地学习。

温馨小提示

七年之痒可能会使你闻之失色，事实上，它像日落日出一样，是一种自然现象，在婚姻生活中，你只要处理得当，它也可能像滑落的流星一样，在人生的星海中不泛起任何涟漪。这里向你介绍以下令夫妻关系"保鲜"的方法：

一是策划每个纪念日。例如生日、结婚周年纪念和假期。

二是变换亲热的场所。如果经常在厨房、客厅谈天，在床上亲热，偶尔试试在厨房、客厅亲热，在床上谈天。

三是体贴对方。多在日常生活中体贴对方，使对方感觉到温暖。

四是试试定期约会。两个人单独行动，散步、吃饭、看一场电影都可以。

其实，夫妻之间重要的在于沟通，不要相互埋怨，遇到困难应共同探讨，互相鼓励，只要这样认真去做了，七年之痒就会与你们擦肩而过。

摆脱中年婚姻危机的困惑

俗话说："人到中年知酸甜。"在漫长的婚姻生活中，夫妻经过恋爱时的激情缠绵，婚初的轻松，及孩子出生后情感的转移，又来到了中年的负重期。激情退去后的生活越来越消沉，暗藏的急流往往给中年婚姻带来最深沉的考验。

从心理学的角度来看，人到中年，工作压力大、生活负担重，心理问题往往比较突出。如果中年人情感宣泄途径不当，很容易影响夫妻间的感情，造成婚姻的危机。因此，夫妻双方应该高度重视中年期面对的婚姻困惑。

1. 认识中年婚姻危机产生的具体原因

近年来，中年人离婚率高的问题日益突出。研究统计，每年七八月，都是我国离婚的高峰期，其中大部分前来登记离婚的都是中年夫妻，特别是8月份的离婚率最高。

究其原因，很多夫妇的婚姻其实早已经破裂，但是为了孩子有个相对平静的环境考大学，夫妻双方往往选择了暂时维系婚姻等到孩子高考结束后才离婚。那么，到底是什么原因使这么多的中年夫妇走上离婚的道路呢？经过分析，普遍存在以下因素：

（1）欲望过多

夫妻进入中年，有一种要将未完成的事情做圆满的本能心理，没有得到的总觉得是最好的，即使以为已经忘记，仿佛不再想起，可是一旦遇到合适的条件，潜意识里的欲望就会复活，驱使人设法满足心愿。

而实际上，即使自己的心愿满足了也不一定能心安，因为对理想中的人往往期望过高，相处时间长了，许多被激情掩盖的问题就有可能出现，新的遗憾又会开始。

（2）无端猜疑

进入中年后，女性对配偶缺乏安全感，猜忌、焦虑就会出现。对配偶缺乏安全感的原因很多，有的是因为双方社会和经济地位差距拉大，使其中一方变得不自信，因而有了压力；有的是因为一方生活重心有所转移，把工作、生活热情更多地投向外面，使另一方感到被忽视，因而"先下手为强"；还有可能是童年就掩蔽在心中的一些事情没化解所形成的心理障碍。爱猜疑的人不相信自己像他人一样有魅力，当失去心理自我防护时，内心害怕失去对方的顾虑就转化为攻击力量。

（3）对房事缺少兴趣

中年人身体机能逐渐衰退，容貌转变，精力消减，感觉青春不再，形象也会降低。尤其女性要适应更年期荷尔蒙变化，对身体和情绪的多方影响，有些人会因此失去对房事的兴趣。

而男性虽然并无类似生理因素造成的情绪反应，却也要经历中年的重新评估期，不但心理时钟被搅乱了，也同时会发现自己的一些身体器官开始产生各种毛病，影响他们在房事上有力不从心的感觉。夫妻双方在房事上不如以往亲密欢愉，感情也可能因此淡化疏离。

（4）交流较少

夫妻有孩子后，无论生活重心还是情感重心都容易偏向孩子，导致夫妻双方情感交流越来越少，以致重新回到两人世界后，大眼瞪小眼，才惊觉双方不知不觉已经成了熟悉的陌生人。

（5）事业压力

中年人在社会上苦干多年，可能已升到较高的职位，但是责任越大，所要付出的时间和心力就越多。为了保持业绩卓越，追赶日新月异的科技知识，唯有牺牲陪伴家人的机会，甚至赔上婚姻家庭。

这些承受巨大压力的中年人，若未能适当疏导情绪，就容易把怨怒发泄在配偶身上，对婚姻造成负面影响。

（6）外来诱惑

现代社会，诱惑很多，一夜情或婚外情已十分普遍。

而经济全球化的发展，又推使不少中年人往国内或海外各地出差公干，经常离家独处，若中年夫妻的婚姻关系本就不巩固，感情空虚脆弱，不满足于配偶单调乏味，又想证实自己的魅力犹在，就更容易掉入罪恶的陷阱。

2. 消除中年婚姻危机的方法

中年婚姻之痒成了许多人人生中必经的一个坎，找到适当的战胜方法，就能顺利突破这个坎，走上幸福之路。

（1）情感宣泄

人到中年，工作压力大，生活负担重，心理问题往往比较突出。如果中年人情感宣泄途径不当，则很容易影响夫妻间的感情。向人倾诉是情感宣泄的常见方式。如果丈夫向妻子倾诉工作中的烦恼，妻子表现得漫不经心、不屑一顾，丈夫情感上产生的压抑很容易演变为夫妻间的争吵。为此，当丈夫心情不好时，妻子应该用心地倾听他的烦恼。

（2）劝说化解

在中年婚姻中，夫妻双方应该自尊、自爱，注意提高自我修养。当夫妻一方的生活规律或行为方式出现异常时，另一方要尽早查找原因，采取劝说的方法，把矛盾和问题消灭在萌芽状态。

（3）及时沟通

夫妻间有效沟通很重要。首先要尊重对方，认真倾听，然后充分表达自己的感觉和想法。出现分歧时，少一些抱怨、指责和命令，这是双方化解矛盾的前提。

（4）给予对方自由的空间

夫妻之间也有隐私，别总是翻看对方的手机，不要总是不信任对方，这样会使对方很伤心。因此，夫妻双方都应拥有自由的心灵空间。

（5）需找激情

中年人的婚姻，就像一个坎，情的成分在递减，伴的成分在增加。双方感到生活平淡，缺少激情，这是婚姻倦怠的原因所在。遇到这种情况，夫妻双方要注意改变自己的认知，换一个看问题的角度。这时候自己就会发现其实生活还是那样的美好。中年婚姻危机是成年人生命发展阶段中，一个正常的过渡时期，虽然危机四伏，使婚姻面临严峻的考验，但若能及早醒觉，预先防备，尽快培养双方的共同爱好或新的爱好，学会安排生活，重修夫妻关系，就能转化危机，重建二人世界。

温馨小提示

人到中年，并不意味着自怨自艾，你的一个重要任务，就是化解自己的中年危机，这个任务完成得好不好，直接关乎中年的生活质量。

在危机到来之前，应该认真准备，积累经验；在遭遇危机时，要有勇气面对，要敢于要求自己，永不放弃。为此，为你介绍以下细节问题：

一是当你的生活出现婚姻危机时，你的头脑应当冷静下来，相信办法总比困难多。

二是先不去考虑在婚姻中你做错了什么，而是把注意力集中在过去，想一想你做对了什么。

三是不要说脏话和侮辱对方人格，避免激化矛盾。

四是努力去适应对方，而不要强行去改造对方。

五是对方如果主动示好，适当的时候应予以积极回应。

六是多一分赞扬，少一分抱怨；多一分理解，少一分苛求。

七是尝试向家人、朋友或心理医生寻求帮助。

找回失落的爱情

　　爱情是人生中的瑰宝，爱情是青春的彩虹。在人类的爱河中，爱情能激荡出绮丽的灿烂的浪花，鸣奏出温馨动人的旋律。可以说，爱情给我们带来的欢愉是无与伦比的。不过，要获得爱情，只怀有良好的愿望是不够的，还必须付出努力和行动。

　　爱情要求人们应该清楚地知道怎样才能使所爱的人幸福，那就是怀有一颗忠诚的心，并能够真诚地奉献。最重要的是，爱情需要自觉自愿、轻松愉快地采取行动。没有行动而只有空谈甚至是抱怨、责备，双方就会渐渐地产生反感，最终导致爱情毁灭。

1. 了解爱情失落的原因

　　要建立一种强大的、持久的爱情关系，对于变化采取积极的态度是非常必要的。有些夫妻在爱情中遇到不少困难和障碍，其原因常常是他们顽固地抵抗爱情中应有的变化。他们害怕他们的爱情不够强韧、不够持久，不能应对无法预测的变化所带来的消极后果。但是，真正的、持久的爱情关系应该有足够的灵活性，用现实、积极的态度欢迎爱情中的变化。

　　（1）产后情感危机的普遍性

　　我们常会听到身边的年轻朋友，尤其是年轻的妈妈们，抱怨丈夫回家后不照顾婴儿，孩子出生之后，生活习惯一点也没改变，照常去和朋友聚会、打牌、喝酒，甚至夜不归宿。有的回家，吃完饭就钻进自己的小书房，打电游、上网聊天。还有的反映，夫妻感情比以前淡得多，甚至出现家庭暴力。当然，这些情况最明显的表现就是夫妻之间矛盾增加、吵架、冷战的频率明显高了。

（2）夫妻生活纳入了第三方

这里说的第三方绝对不是第三者的意思，而是指介入夫妻情感世界的其他家庭成员。生育导致一个家庭最明显的变化，就是人数上的变化，家庭从"1＋1"的模式变成"2＋1""3＋2"，甚至"3＋4"。人数上的变化也就意味着思想观念的产生分歧的概率加大。从前一夫一妻的小家庭，当出现矛盾或意见分歧时，只需两人协调便可以达成一致。但是家庭成员变化到4个、5个、6个时，有时一件小小的纠纷甚至会演变成两个大家庭的对抗，矛盾的双方从"你、我"演变成了"你们、我们"。

夫妻间的"一体感"被分裂，因为家庭角色不再单一，做丈夫的同时是儿子、女婿、父亲，做妻子的，又同时是媳妇、女儿、母亲，当夫妻双方有情感波折时，会同时将简单的夫妻矛盾扩展到婆媳、翁婿、亲家之间的问题。矛盾升级，破坏性加大，要解决的难度也加大。

尤其现在的家庭，独生子女政策直接导致了家庭的"非常6＋1"，孩子成为家庭的中心，爷爷奶奶、外公外婆参与到婴儿的护理和照顾工作中来，因为各自生活观念的不同，在解决婴儿问题上很容易造成矛盾。当一个家庭出现矛盾的概率增高以后，一旦解决问题的方式不妥当，最终很有可能又回过头来成为夫妻间的矛盾。

（3）夫妻间情感重心的转移

家庭事务增加，情感重心的转移，导致夫妻交流减少。情感危机并不仅仅表现在争吵和尖锐的矛盾上，夫妻情感的疏离也是一种情感危机的明显表现。年轻的父母们每天忙工作，照顾孩子，还要兼顾自己的爱好，参与公共活动，原来的生活时间被孩子占去了一大部分，孩子问世所产生的"三角关系"改变了原来的"二人世界"，改变了夫妻生活的重心。

夫妻原来的嬉戏和娱乐大大减少，生活质量下降，两人的压力骤然加大。妻子过分呵护孩子，忽略了丈夫；或丈夫对怀孕、生产的妻子缺少关爱，使妻子感到被冷落。由于情感与精力在分配上产生矛盾冲突，丈夫的心理落差较大，可能会有想法，而为责任与义务辛劳的妻子却往往没有在意。

这一阶段常见的心理困难是在实际生活中，夫妻还没有做好做父母的准备，不能迅速适应新的社会角色，难于负担起做父母及养育婴儿的责任和使命。夫妻对婚姻同时感到紧张、困惑、茫然、不知所措。这时的婚姻潜伏着危机，而这种危机往往是隐性的，甚至长时间不被察觉。

2．避免爱情失落的方法

要解救濒于破裂的婚姻自然比摧毁它困难得多。不过只要双方都有重建感情的愿望或基础，则及早发现外遇的先兆就极为重要了。对此婚姻问题专家提供了下列建议：

（1）坚持配偶第一

不管你关心什么，事业、孩子或家庭，都应牢记在所有关系中配偶应处于第一的地位，主要的业余时间和努力应花在夫妇关系上。

（2）目标应该现实

哪对夫妇总幻想追求逝去的新婚时的欢乐，他们的关系便会出现微妙的裂隙。这并不是说爱情会永远消逝，而是说不能用新婚时的标准来衡量多年的夫妇关系。现实的眼光会使夫妇发现多年的关系反倒更充实。

（3）生活充满变化

一位证券经纪人说："我一直想让妻子理解我，我需要她更多的注意与爱抚。"是的，夫妇间的关系应当像流水，充满变化，已经冷淡了的关系重建需要时间，但值得为之努力。双方应从互相关心、互相注视开始，这样便会促使双方燃起对爱情的新追求。

（4）避开争议的观点

在家政管理上，在经济开支方面，夫妻间可能会出现分歧。当出现分歧时，夫妇间应有意避开在这类观点上的交锋，否则便会陷入"争执—争吵—感情淡化—争吵加剧"这样一种恶性循环中。夫妇间如有一方能认识到导致矛盾爆发的焦点并有意淡化它，情感便得以交融，关系将趋于和谐。

基于上述的原则，有情人携手步入婚姻的殿堂后，就应该在共同实现家庭职能的并肩战斗中，互尊互敬，互亲互爱，互帮互助，共同提高对婚姻的道德意识和对家庭的责任意识，共同致力于夫妻关系的调适。若如此，婚外恋就失去了滋生的土壤。

配偶一旦坠入婚外恋，明智的办法是"出口转内销"，和风细雨，交流思想，解决问题。回忆当初，哪对夫妻都有一段令人陶醉与向往的日子，只是时间的长与短而已；检讨当前，分析矛盾与冲突的根由，各做自我批评；展望未来，探讨夫妻重新契合的途径。这样做的目的，在于用加倍温暖的心去弥合对方心中的创伤，去唤回对方的离散之心。

"拉"字当头，不计前嫌，允许"离"心，也允许"回"心。一般来说，将心比心，以心换心，精诚所至，金石为开，婚外恋者尽管婚外恋时感情炽热，但他们的内心始终为罪恶感和羞耻感所扰，只要阶梯搭牢，他们是会下楼的。如果对方一意孤行，视"内销"为软弱，视宽宏为无能，再诉诸法律不迟。

与之相反，有些人既不冷静，又不明智，任由情绪支配。发现配偶有外遇后，气恼、愤怒接踵而至，竭力报复，或扑向配偶，或扑向第三者，非置之于死地不可，似乎不如此就便宜了配偶，便宜了第三者。殊不知，这样一闹，无异把配偶逼进死胡同，里外不是人，欲回无门，只得横下心来割断最后一缕情丝，投向第三者的怀抱。

对于婚外恋，日本的一位婚姻心理学家不同意草率离婚，他说："不管怎么说，由于对方的用情不专而断然离婚的做法毕竟是太草率了一点。因为虽说对方有了外遇，但是也不能绝对地说他（她）对配偶的爱情之火已经熄灭了。"

不赞成把不贞与离婚画上等号，主张破镜重圆，并不意味着对婚外恋者的姑息，亦不意味着不同情受害者的尊严，因为构成人的感情的因素是极其复杂的，生理学上的"全或无"定律对它并不适用。

一个人犯任何过错，改了就好了，为什么唯独感情上的过错，改了还不好？滂沱的大雨会使泥土粘得更结实；一分为二的钢板，焊接后强度胜过原先；破碎的爱情，只要修补得当，将不逊于先前。

温馨小提示

人们常说七年之痒是婚姻的危险，但是对大多数谈爱情的人来说，一年之痒却是经常发生的事。如果你感到不满，一年后爱情便亮起红灯，但是，关系未必就此结束，你可以注意以下一些事项，使婚姻更巩固：

一是幽默感。你和他一起笑过吗？在男女关系中，幽默感是很重要的。风趣的男人很有吸引力，幽默感使生活充满乐观、和谐的气氛，因而可使爱情坚固。

二是共处的时间。你们共处的时间多吗？如果他在周末常去看体育比赛，或在下班后去泡吧，很晚才回来，很明显，他没有将你摆在首要的位置。

三是信任。信任是爱情中最重要的，它需要时间才能建立起来。

四是朋友。如果你们不喜欢对方的朋友，情况更不好。但是，如果你真的不喜欢他的大多数朋友，你要自问原因，可能是你避免面对你不喜欢他的一部分性格。毕竟，他和他的朋友有共同之处，否则，他和他们做不成朋友。你们应该商谈保持各自交朋友的方式，以免对关系不利。

五是志向。无可否认，志向相投有利于关系的巩固、发展。你们有共同的目标，加上共同的努力、互相支持，会使关系增强。如果你们有共同的婚姻志向，则更加好，不少消极因素会因此而变成积极因素。

离婚是一种失败的婚姻现象

婚姻是夫妻双方结伴而行的一次远程跋涉，在路途上经历的并非全是繁花似锦的春天、金风送爽的秋天，也有淫雨绵绵的夏季和寒风刺骨的冬天。为此，在这漫长的日子中，夫妻难免产生矛盾，当维系婚姻的柱石发生严重倾斜时，离婚的现象就会产生。

其实，对夫妻双方而言，离婚向来不是个轻松的话题。因为在一场失败的婚姻中，没有哪一方算得上是真正的胜利者。

研究表明，离婚是仅次于丧偶的重大精神刺激，造成的直接后果会使离婚的当事人出现心灵和身体的疾病，最常见的表现是抑郁、焦虑、失眠、疲劳等。为此，人们应该正确看待离婚问题。

1. 造成离婚的原因

离婚是一种对婚姻无可奈何的做法，夫妻双方及子女都要付出沉重的代价。那么，是什么导致了现代夫妻感情的破裂呢？从心理学的视角来看，离婚是夫妻心理期望错位的必然。期望是一种心理活动，是对未来发展的主观设计与估计。

准备结婚的男女心理上都会有相当的期望，而在婚后或长或短的日子里，生活现实与心理期望不能合拍，心理上就会产生厌倦、失望的情绪，丧失对婚姻的信心，导致离婚。

具体地说，有的夫妻虽系自愿结合，但因婚前缺乏深入了解，婚后又没有注意关系的调适，缺乏共同语言，经常出现口角，最终因现实生活与心理期望的错位而感情破裂；也有因夫妻心理错位，矛盾日渐突出，一方为寻找精神寄托和心理慰藉而涉足外遇，破坏了夫妻关系，从而使对方无法忍受，不再维持婚姻关系；有的因夫妻一方发生某种变故，如出国定居、坐牢，或因夫妻生活不协调，背离了原本对婚姻的理解和期望，造成家庭悲剧。这些因夫妻心理错位导致的感情破裂，有着非常复杂的构成因素，必须针对具体婚姻矛盾进行具体分析。

2. 认识离婚导致的心理问题

绝大多数离婚者离婚后，其心情总是很沮丧，情绪低沉、伤感，这无关性别，他们表现出愤恨、不满、自卑、看破红尘等各种各样的消极心理。同时，面对周围人的非议，他们会感到孤独、无奈和愤愤不平。

不少离婚者都被周围人交头接耳、背后指指点点弄得精神憔悴，使得他们对前途、对人生充满了悲观和绝望，一般来说，造成的心理问题有以下几种：

（1）自卑

由于社会对离婚的传统偏见，现代还有一些人对离婚不问青红皂白，他们习惯将罪名任意地强加到离婚者身上。

即使离婚的一方是受害者，也常被周围的人指指点点，甚至遭到冷嘲热讽，致使离婚者的自尊心受挫，声誉下降，一时抬不起头来，背上"低人一等"的沉重心理包袱。

（2）孤独

虽然离婚解决了眼前婚姻生活的矛盾冲突，可能获得暂时的安定感。但是，过去形成的家庭人际关系一旦崩溃，对男女双方来说，失去群体生活，无论如何都会产生凄凉、孤独的感觉。

一项心理调查发现，尽管离婚者5对中有4对在离婚前实际上已经分居了，可是到了真正离婚后精神上的痛苦才达到顶点，并且，以后常为不安和寂寞所困扰。

（3）失落

一般来说，男女双方在决定离婚之前，已有一段漫长、痛苦、艰难的思索过程。并且，离婚后由于失去了家庭成员之间的柔情、温存，因而极易产生失落感，往往导致心理变态而逃避人生或背叛人生。所以说，离婚造成的心理创伤和痛苦是很大的。而那些对丈夫行为已经不能容忍而自己提出离婚的女性，则痛苦较小。

尽管离婚女性的痛苦可以随着岁月的流逝逐渐淡薄，但这种不愉快的体验对有些人来说终身难以磨灭，特别是有孩子的女性，往往会产生更为棘手的后遗症。

3. 离婚后的心理调适

在离婚率非常高的现代社会，婚姻失败是一种常见的现象，因此，离婚的人必须正确对待离婚，并注意离婚后的心理调适。

（1）改变环境

对离婚者来说，如果周围的人，对自己的离婚表示出的"好奇"让自己很不舒服，或者现在居住的房子里有太多伤心的回忆的话，那么不妨尝试让自己远离这些伤心和是非之地。

（2）寻求支援

交谈是保持心理健康的秘诀之一，为此，在自己内心感到苦恼、哀怨时，离婚者可以向自己的亲朋好友诉说，相信自己的知心朋友是最好的心理医生，他们的劝说、安慰、鼓励都是医治自己心理创伤的良药。

同时，如果有写作爱好，不妨把烦恼写在纸上，或者发到互联网上，得到其他人的帮助，使自己很快走出离婚的痛苦。

（3）转移思想

在离婚后的短时间内可以将自己的主要精力投入工作和学习中，暂时遗忘眼前的不愉快，使心情趋于好转。还可以读几本好书，一方面吸取书中的精神力量，另一方面也可从书中学到很多有用的知识。但是不要去读那些不健康或者对社会和人生充满悲观失望情绪的书，这样，会使自己更加悲观。

（4）加强社交

很多离婚者都有自卑感，认为离婚是件不光彩的事，因此常常采取回避的态度。这种做法是不可取的，因为当自己静下来时，总会东想西想，为此，建议离婚者把业余生活安排得紧凑一些，多参加社交活动，充实的生活可以帮助你恢复常态。

温馨小提示

不可否认，离婚肯定会给你造成一定的打击，但是不同性格的人对离婚后的表现各不相同，为此，你可以根据自己的个性妥善进行处理。

你若是一个性格偏激的人，遇事容易冲动，脾气暴躁。一旦遇到离婚问题，可能会经常诅咒前夫，还希望周围的人一起来恨自己的前夫。这样做表面上看是想让那个离开你的负心人后悔，其实是自己在后悔。建议你不要拿自己的错误来惩罚别人，不然到最后痛苦的还是你自己。

你若是容易抑郁的人，喜欢缜密思考，爱把问题无限地扩大，甚至觉得根本没有解决问题的希望，一旦离婚，便对生活失去信心，想到死的问题，而不是考虑如何好好生活。建议你要正确认识婚姻中出现的问题，坦然面对，重新开始新的生活。

你若是依赖性强的人，对任何事情都喜欢借助他人的力量来帮助解决，不相信自己的能力，只习惯于被人照顾和安排，一旦离了婚，就不知道如何面对生活，进而后悔离婚。建议你改变自己的观念，通过自己的努力，把这种依附于他人的思想转变为依靠自己，这样做虽然有点苦，但很短暂，熬过了这段时间，你就会发现，其实一个人过，也可以活得很好。

你若是没有事业的人，一结婚就辞去了工作，做了全职太太。并在居家的那段时间里，不仅耗去自己的青春，还把原有的那些知识和技能都忘掉了。一旦离婚，首先担心的就是自己的生存问题。为此，建议你用事业修补离婚的创伤，尤其是受到婚姻伤害的女性，更需要有自己的事业。调整好心态，相信自己的能力，事业才是你唯一能够依靠的东西。

掌握老年夫妻和睦相处之道

老年是人生的重要阶段，也是夫妻关系发展的重要时期。怎样善始善终地搞好夫妻关系，圆满地实现白头偕老，直接关系到老年婚姻的和谐幸福。

老年夫妻恩爱、和睦相处，无疑会对心理健康产生良好的作用。反之，老年夫妻感情不和，甚至濒于解体，随之而来的不良心理活动，会产生许多负面影响。

那么老年人究竟该如何与老伴和谐相处呢？

1．认识夫妻矛盾的根源

人们到了老年，大多数已离开工作岗位，而且子女各自组成了家庭，家中只剩下老两口，这就形成了空巢。但是，我们常常看到，相濡以沫度过了大半生，几十年感情一直很好，老夫妻到了晚年却经常拌嘴，发脾气，什么原因呢？

（1）性格发生变化

有的老年人性格变得古怪，生出许多毛病。有的就像小孩特别幼稚，看见什么都新鲜。有的像孩子一样嘴挺馋，看见别人吃什么，自己也想吃；有的喜怒无常情绪容易波动；有的产生怀旧的情结，经常回忆过去。有的抑郁而多疑，比如，老两口一辈子相安无事，到老却怀疑对方有外遇，这最伤几十年夫妻的感情；还有的老年人，年轻时脾气比较好，到了老年脾气变得暴躁，稍有不顺心的事就发脾气，目标首先指向的是自己的老伴儿。

这些就叫老年综合征，夫妻双方有一个，甚至都发生了变化，这自然会引起老年夫妻的摩擦。

（2）感情寄托少了

过去夫妻间的别扭和矛盾可以用繁忙的工作冲淡，退休后整天你看我，我看你，便生出好多事来。老两口可能为一点小事就能吵起来，如菜咸了、桌子没擦干净、菜买贵了等。

（3）产生失落感

过去上班时，早出晚归，虽然忙、累、压力大，但是也有乐趣。退休后，人闲了下来，由于缺少精神寄托和感情交流，便有一种失落感，觉得没着没落，孤独寂寞，心里总有一股无明火，一旦有不顺心的事，老伴儿就自然成了发泄的对象。

还有，一些老年人社会适应性差，总是对现实不满，看不惯一些社会现象，看不惯年轻人的穿衣打扮等。

2．关于和睦相处的建议

老年夫妻和睦相处，相亲相爱，可以让我们的老年生活过得愉快、充实，可以为家庭营造一个愉快、舒畅的环境，所以和睦相处是每一个老年人晚年的心理需要。为了实现这个目标，我们老年人可以从以下几个方面努力：

（1）相互尊重

老年夫妻不论原来职位高低、能力大小、健康状况好坏，在家庭生活中都是平等的，应互相尊重的。家中的事情要共同商量，若有分歧，要耐心说明解释，切忌置对方意见于不顾而自行其是；在子女和外人面前，要注意尊重对方。

（2）相互宽容

"海纳百川，有容乃大。"这句话说明了相互宽容、忍让的重要意义。老年夫妻的容，既指容人之长，并虚心向对方学习，也指容人之短。家庭生活的方方面面，具体而又琐碎，老年夫妻朝夕相处，难免有时意见相左，遇到这种情况，一定要以夫妻情谊为重，多谅解，千万不要埋怨指责，更不应算老账、揭伤疤。

（3）相互体贴

老年人随着年龄的增长，生理和心理机能逐渐衰退，自理能力也随之减弱，这就需要在生活上有人照应，而老伴的照顾则是最周到、最贴心的。老年夫妻要共同承担家庭义务，关心彼此的衣食住行，平时要尽可能多抽一些时间与老伴在一起，尤其是只有老年夫妻单独生活的家庭更应如此。老年夫妻既应该是生活上的依靠，也应该是精神上的支柱。

（4）相互信任

多疑猜忌是破坏夫妻感情的无形杀手。老年夫妻的爱情虽经历了长期的考验与磨砺，但仍需通过相互信任来加以巩固和发展，夫妻双方有了疑虑要及时交换意见，认真消除误会与隔阂。

（5）互帮互慰

互帮互慰是夫妻共同克服困难的准则。所谓互帮，就是互相帮助，主动给对方出力、出主意，或给予物质上和精神上的支援；所谓互慰，就是互相安慰，使对方心情安适。当一方生病时，另一方要照顾护理好，使之得到温暖。

不要常在老伴面前数落儿女，也许老伴已看得一清二楚，心里也很烦，如果再喋喋不休，不但于事无补，还会使老伴烦上加烦。不要对着老伴夸别人的丈夫或妻子如何好。这样会引起老伴的反感，认为你看不起他或她。

与老伴发生摩擦时，就事论事。如老伴不注意收拾东西，就让他把东西收拾好，不要"抽丝剥茧"，说什么"你总是不收拾东西，我对你说过多少次了"。一串串地将陈年老账抖个不停，这是老年人最容易犯的唠叨病。

（6）注意自己的仪态

不要认为老夫老妻了，什么都无所谓了，整天邋邋遢遢。要知道人老了，会追忆逝去的青春，现在退休了，老两口朝夕相处，都希望能重温青春的梦。不妨和老伴多亲密一些，这样日子将过得更和谐、美满。

3. 把握夫妻交谈的技巧

有人说："家庭的幸福其实很简单，仅取决于家庭中的两个人如何交谈，其他则是次要的。"的确如此，因为人是感情动物，每个人需要通过语言交流感情，如果不注意谈话的技巧，就容易发生误会，甚至冲突、矛盾，乃至劳燕分飞。所以，我们老年人要想做到夫妻和睦，就要注意一些交谈的技巧。

（1）要注意场合

夫妻间谈话引起误会最多的，可能是不注意谈话的场合。做妻子的这方面似乎更要注意，有许多做妻子的对于丈夫在外的情况不大了解，一见到丈夫，就把心中要说的话，说了出来。这样，由于只想到自己，没有顾虑到对方的心境，往往是恶感多于好感。日子久了，就会引起夫妻间的不快，使彼此的情感大受伤害。

由于这个缘故，做妻子的在和丈夫谈话时，要注意一下对方脸上的"阴晴圆缺"，以决定是否马上谈话。自然，在外人面前数落丈夫或妻子，更是破坏家庭关系的"凶手"。

（2）不要唠叨太多

男人最怕女人唠叨，特别是当他忙碌、心烦时，内心在思考问题，以及身心疲倦时，如果做妻子的在他的面前滔滔不绝地讲话，而所讲的又是无关紧要的事，他不但感到烦恼，而且往往会发脾气。

不少老年人都有这种毛病，就是说话不过脑子，想说什么就说什么，不分时间和地点,这非常不利于老年夫妻的和睦相处。

(3)注意谈话的艺术

当我们和别人谈话的时候,我们会注意对方的反应、对方的眼色,谈话尽量迎合对方的心理,其实夫妻间谈话也是这样。许多老年夫妻谈话就不这样细心,其中最大的一个原因,是以为夫妻间朝夕相处,没必要注意这些细节了,实际上,这是错误的。

(4)说话莫过火

聪明的人,懂得对配偶察言观色,注意自己的谈话内容,并尽量使配偶高兴。例如,夫妻不要谈富有刺激性和过火的话题。

当丈夫心情不佳,或者内心思考问题的时候,做妻子的如果谈起过去自己恋爱的情形,那是最令丈夫生气的,他会怀疑你对他爱情是否是真的。

老年夫妻的感情仍需培养,防止爱情之花凋谢。谈谈自己婚宴的情景,多参加同事或亲友的婚宴,是有好处的。不论世间的景色如何,年年都有热闹的结婚仪式。结婚仪式在夫妻一生中具有历史意义,重温这个场面,过于增进夫妻间谈话的趣味也是必要的。因为结婚时,两个人的心情十分高兴,婚宴的情景能够给人留下美好的回忆。

老夫老妻一起生活了大半辈子,牵手走到今天,是多么不容易啊!所以,当我们的老年夫妻在日常生活中发现对方的老毛病又犯了时,双方应冷静对待,相互宽容,这样才能实现"老拌"变老伴,才能共享退休后的欢乐时光。

温馨小提示

都说婚姻有七年之痒,更何况是一起生活了三四十年的老年夫妻,更容易感觉婚姻生活乏味。怎样才能给婚姻生活注入一些新鲜活力呢？

尝试有挑战性的活动。美国心理学家海伦·费舍尔发现，刚刚坠入爱河的人与那些结婚20年依然热烈相恋的人有一个共同点，即中脑腹侧被盖区持续活跃。为了刺激这一区域，让彼此更恩爱，老年夫妻可尝试参加一些新鲜、有挑战性的活动，比如远足等。

参加对方感兴趣的活动。科学家研究发现，培养新的兴趣、爱好，或经常锻炼，可减少倦怠感。老年夫妻不仅要支持、鼓励对方参加他（她）感兴趣的活动，自己也要积极参加，这会给婚姻生活注入新的活力。

提醒对方"我依然需要你"。老年夫妻要经常用语言、行动向对方表达爱、渴望等真实感情，让对方感受到你依然在意他（她）。

正确地对待代际婚姻

代际婚姻是指一方为老年人，一方为准老人或中青年人。双方年龄相差较大，有的相差20岁以上，甚至达40多岁。这种婚姻形式也被人们称为"老少配"。

如此大的年龄差距，婚姻双方是不是幸福，子女是不是反对，他们如何面对大家质疑的眼光，代际婚姻是否幸福呢？

1. 认识代际婚姻的问题

选择"代际婚姻"的老年人大多经济条件较好。他们走上"代际婚姻"之路，多是寻求同龄人再婚难度较大的缘故。据有关部门调查，丧偶男性老年人再婚需求高达77.8%，而女性只占22.2%。

男女比例的失调，使许多男性老年人求偶愿望难以实现。而"代际婚姻"的出现，则为老年人再婚拓宽了领域。据一些"代际婚姻"老年人讲，为了能找到老伴，必须摒弃传统观念，再婚不要问年龄，要问满意度和幸福度。

在"代际婚姻"中，一般是男性偏大，而女性偏小。

"代际婚姻"虽然不乏成功的例子，大多数结果并不容乐观。其原因大致有：

其一是年龄相差悬殊，不同程度地影响了双方的沟通，为日后的婚姻埋下隐患。一般双方共同的话题不多，平时很难说到一起去，缺乏沟通，加上各自生活习惯不同，日常生活中很容易产生摩擦，久而久之，给婚姻生活造成危机。

其二是生理差异比较大，生活上不协调是"代际婚姻"难以持久的另一个重要原因。一方到了花甲之年甚至是古稀之年，而另一方则刚过半百，甚至年纪更轻，生理上的不协调是在所难免的。时间短还能忍受，时间一久，很容易出现婚姻的裂痕，处理不好，就会以分手告终。

其三是"代际婚姻"得不到子女的支持。现在大多做子女的，对老年人再婚还算积极，但是大多数子女对老年人找一个与自己年龄相仿，甚至比自己还小的伴侣则难以接受。有些老年人虽然顶着子女的压力，同年龄比自己小得多的女子结婚，但婚后多数却不能与子女保持良好的关系。

其四是社会对"代际婚姻"的偏见。面对"代际婚姻"，有人说它是"老牛吃嫩草"，也有人说它是"金钱与青春的交易"。在婚姻方式日益多元化的今天，你情我愿，本无可厚非。但一些女性和社会学者认为，"代际婚姻"是对女性的歧视，不宜提倡。

2. 正确面对代际婚姻

结婚自由,对老年人也是一样的。选择多大年龄的人组成家庭,完全是老年人个人的自由。鉴于"代际婚姻"存在的种种问题,所以,那些热衷于"代际婚姻"的老年人应三思而行。如果已经选择了"代际婚姻",则需要在多个方面做好调解与适应。

(1) 婚前要慎重选择

再婚对老年人来说是一件大事,所以需要慎重选择,千万不可盲目。

首先,那些正在"忘年恋"中的老年人,应该慎重考虑,看看自己是不是真的爱上在年龄上比自己小很多的他(她),自己欣赏对方的什么?幸福的婚姻是以爱为基础的,不能夹杂着别的目的,例如金钱、地位等。

现实中,有很多年轻的女性,可能希望有一个富足的生活,就不惜嫁给一个老年的男子。面对这种情况,老年朋友要有充分的思想准备,要做好未来年轻妻子和子女的财产纠纷问题。

其次,要考虑到"代际婚姻"可能出现的压力和后果,包括生理和心理上的压力,女方的心态显得尤为重要。

此外,对相处过程中可能出现的代沟问题,要有充分的思想准备,能够以足够的宽容和理解对待对方。

(2) 接受彼此的差异

对于"代际婚姻"的双方来说,既然选择了一个年长或者年幼的对象,就要接受对方目前的一切,包括性格、爱好、生理现状等,否则这种婚姻就无法维持下去。

不可否认,"代际婚姻"在生活方面或许要克服一些难题,但这种结合所展开的也是人生的一种美好境界,关键在于双方怎样对待和处理。若处理得好,或许双方从生活中所得到的欢乐,是同龄夫妻所很难体会的。

随着社会的发展和人们观念的改变,"代际婚姻",尤其是老夫少妻现象越来越多。那些因为种种原因选择了"代际婚姻"的老年人在生活中如果遇到了一些问题,应该及时调整心态,因为年龄不是距离,生活总是要过,只要调整得好,"代际婚姻"照样可以给我们丰富多彩的晚年生活。

温馨小提示

近年来"代际婚姻",尤其是老夫少妻登记结婚的现象屡见不鲜,然而,"代际婚姻"在生活中出现的问题也确实不少。衣食住是生活中每天要面对的事,如果双方能够处理好这些问题,那么对于"代际婚姻"的和谐将会产生很大的帮助。

衣方面。既然决定一起过日子,"代际婚姻"中老年的丈夫应该尽量稳重一些,而对娇小的新娘,可以让她尽量往"成熟"两字上靠。因为那些太年轻的女装,会加大双方的心理距离。

食方面。如果一个爱吃炒花生、八成熟的煎牛排的年轻女性嫁给了70余岁的男性,那么在家庭餐桌上,就应该让年轻的媳妇做菜时改一改,请她把菜炖得烂一些、再烂一些。

住的方面。家具一定要结实,少买那些花里胡哨的艺术家具,在老年人的世界里,四条腿的凳子远比三条腿的稳当。

不要让年轻的妻子频繁在你们的住处召开年轻朋友的欢乐聚会,过量的喧哗声确实是老年人所不能忍受的。如果对方实在要举办,老年人也要尽量放松心情面对,如果实在不愿忍受,可以自己出去走走,回避一下。